KB078823

누구나 쉽게 짓는
우리 아이
좋은 이름

누구나 쉽게 짓는

우리 아이 좋은 이름

○ **김규만** 지음

필자가 정리한, 발음오행이 상생되는 **성씨별 한글이름 사전**으로
참신하고 소리가 좋은 한글이름을 쉽게 지을 수 있습니다.

대법원
인명용
한자

성씨별
길한수리
정렬표

성씨별
한글이름
사전

좋은땅

머리말

작명소에서는 작명법으로 이름을 짓습니다.

엄마아빠는 작명법을 사용하지 않고 사랑과 정성으로 짓습니다.
엄마아빠가 작명법으로 직접 지으려니 경험과 시간이 부족하고, 믿고 맡길 작명소도 찾기가 어렵습니다.

이 책은 필자가 오랫동안 작명원에서 아기 이름을 지어 주면서 경험한 것을 바탕으로 이러한 고민을 해결하는 데 도움이 되도록 하였습니다.

1장. **작명법을 사용하지 않고 이름 짓기**에서는 작명법과 사주를 사용하지 않고도 좋은 이름을 지을 수 있도록 하였고,

2장. **작명법으로 이름 짓기**에서는 성명학, 작명법의 종류와 이론의 근간을 이루는 음양오행. 수리. 사주명리를 살펴 보았습니다.

좋은 이름은 무엇일까요?
소리가 좋은 한글이름과 뜻이 좋은 한자로, 엄마아빠가 함께 사랑과 정성으로 지어 주는 이름입니다.

이 책의 부록을 보시면,
소리가 좋은 **한글이름**을 짓기 위하여, 필자가 정리한 **성씨별 한글이름 사전**을 참고하여 원하는 이름을 쉽게 지으실 수 있습니다.

뜻이 좋은 **한자이름**을 짓기 위하여,
호적(출생신고)에 올릴 때 사용하는 **대법원 인명용 한자**를 불용문자, 불길문자,
어조사, 읽고 쓰기에 복잡하고 획수가 많은 글자 등을 제외하고 수록하였기
때문에 뜻이 좋은 한자를 선택하는 데 도움이 될 것입니다.

아기에게 좋은 이름을 선물하시기 바라며
가족의 건강과 행복을 기원합니다.

2020 년 7 월 김규만

목차

1장

작명법을
사용하지 않고
이름 짓기

1. 소리를 우선하는 방식

2. 뜻을 우선하는 방식

3. 성명의 한자 획수를 우선하는 방식

4. 타고난 12별자리의 소망을 담아 짓는 방식

◆ 아기 이름 어떻게 지을까?

소리가 좋은 한글이름과 뜻이 좋은 한자를 사용하는 것이 작명의 기본이므로 좋은 이름은

1) 부르고 듣기에 좋으며 참신하고 품위가 있어야 합니다.

2) 건강, 부드러움, 희망, 미래와 같은 힘사고 밝은 의미가 담기고 성인이 되어서도 사용하기 좋은 평생 이름이어야 합니다.

3) 독창성과 보편성 그리고 적성과 진로에 맞는 이름으로 행복한 삶의 출발이 되도록 높은 이상과 소망을 담아야 합니다.

4) 엄마아빠가 함께 사랑과 정성으로 직접 지어 주는 이름은 아기에게 주는 첫 번째 선물이며 생기를 주는 소리보약입니다.

눈으로 볼 수 없는 사랑, 희망, 밝음 등과 같은 무형의 것들을 감정과 느낌으로 감지할 수 있듯이 이름도 그 이름자만이 가진 자연적 에너지와 기를 지니고 있으므로 이름의 느낌을 감지할 수 있는 아기에게 좋은 기운을 가진 이름이 불릴 때 행복한 인생을 살아가는 성공의 원동력이 될 수 있습니다.

밝고 밝은 고운 소리의 이름은 아기에게 생기를 수븐 소리보약이 되고, 엄마아빠에게 선물 받은 뜻이 좋은 이름은 한 인간으로서 세상에 모습을 드러내 보이고 구별하는 징표가 되어 평생 사람들과의 인연을 만들어 갑니다.

| (남자) | 시대별 선호하는 한글이름 | (여자) |

(남자)		(여자)
영수 영호 영식 영길 정웅	1940 년대	영자 정자 순자 춘자 정순
영수 영철 영호 영식 성수	1950 년대	영숙 정숙 순자 영희 영자
영수 성호 영호 영철 정호	1960 년대	미숙 미경 영숙 경숙 정숙
정훈 성호 성훈 성진 상훈	1970 년대	은주 은정 미경 은영 미영
지훈 성훈 성민 성훈 준호	1980 년대	지혜 지영 혜진 은정 수진
지훈 동현 현우 성민 민수	1990 년대	유진 민지 지은 지혜 지현
민준 현우 지훈 동현 민재	2000 년대	유진 서연 수빈 민지 지원
민준 서준 예준 주원 도윤	2010 년대	서연 서윤 서현 지우 민서

| (남자) | 2020년 선호하는 한글이름 | (여자) |

(남자)	(여자)
시우 도윤 서준 하준 은우	지안 하은 하윤 서아 지우
예준 민준 지호 우진 시윤	서윤 하린 지유 수아 시아
건우 다온 도하 도현 다운	나윤 나은 다연 다온 다은
민재 서우 서진 선우 수현	다인 다현 민서 서하 서우
수호 승우 시안 시온 시현	서율 서은 서하 서현 소윤
시후 연우 우주 유준 유찬	소율 소은 시은 아린 아윤
윤우 은호 이든 이안 이준	아인 예린 연우 예나 예리
재윤 정우 주원 준서 준우	예서 예은 유나 유주 유하
지안 지우 지한 지환 지후	윤서 윤아 은서 주아 지아
지훈 하온 하진 현우 현준	지윤 채아 채원 채윤 하율

◆ 작명법과 사주를 사용하지 않고 이름을 지을까?

아기가 태어나면 한글과 한자 이름을 엄마아빠가 직접 지어 주거나 작명소에 의뢰하기도 합니다.

직접 지으려니 시간과 자신감이 부족하고 작명소는 좋은 곳을 찾기가 쉽지 않습니다.

엄마아빠가 지어 주거나 작명소에서 짓거나 좋은 이름을 지으려는 생각은 같습니다. 다른 점은 작명법사용 여부에 있습니다. 작명법사용 여부는 선택이고, 엄마아빠의 결정에 달려 있습니다.

작명 방식의 선택

	작명법으로 이름 짓기		작명법 사용 안함
누가 -	작명소	엄마아빠	엄마아빠
어떻게 -	오행(발음.수리.자원) 작명법으로	작명법을 공부하여	소리와 뜻이 좋은 이름으로
장점 -	편리하다	보람있다	보람있다
단점 -	작명가격과 품질이 일정하지 않다	시간과 노력이 필요하다	작명법에 맞지 않아 나쁘 다는 말을 들으면 불쾌하다
조건 -	작명법에 맞아야 한다		작명법 해설을 듣지 말아야 한다

1. 소리를 우선하는 방식

이름을 구성하는 소리, 뜻, 글자 중에서 소리글자인 한글이름을 가장 우선하는 것으로 흔하지 않고 신선하며 세련된 한글이름으로 작명하는 것이 중요하다는 견해입니다.

첫 번째

발음이 부드럽고 명확하여 부르고 듣기에 좋으며

참신하고 개성 있는 한글이름을 지은 후 → 한자를 붙입니다.

소리가 좋은 한글이름 (사례) **김도윤**

두 번째

[대법원 인명용 한자]에서

한글이름 **도윤**에 해당하는 한자들 중에서 선택합니다.

발음	한자	뜻	발음	한자	뜻
도	度	법도	윤	橍	나무이름
	挑	끌어낼, 돋을		芛	연뿌리, 대순
	搗	찧을, 다듬을		昀	햇빛
	棹	노		胤	이을, 자손

도	睹	볼
	搯	꺼낼, 퍼낼
	檮	등걸
	洮	씻을, 일
	闍	망루
	夲	나아갈
	馞	향기 날

윤	潤	윤택할
	阭	높을
	珢	귀막이 구슬, 옥 빛
	贇	예쁠
	鈗	병기, 창
	鋆	금, 쇠
	瀹	물 깊고 넓을

2. 뜻을 우선하는 방식

첫 번째

소망을 담은 이름자의 의미를 먼저 생각한 후 관련된 한자를 살펴봅니다.

[예 : 어질고 뛰어난 사람, 나라의 중요한 일을 할 사람 등]

두 번째

[대법원 인명용 한자]에서

생각한 의미에 해당하고 뜻이 좋은 한자들 중에서 선택합니다.

[예 : 어질고 뛰어난 사람이 되어라]

[뜻] [한글] [한자]   [뜻] [한글] [한자]

어질 현 **賢**   뛰어날 우 **優**

한글	현	우
한자	賢	優

3. 성명의 한자 획수를 우선하는 방식

(사례)   성씨 : 김(金)

[성씨별 길한수리 정렬표]에서

김(金)의 획수를 살펴보고 8획을 확인합니다.

8 획
성씨

姓	경京	계季	공空	구具	기奇	김金	맹孟	명明	방房	봉奉	사舍
자원오행	土	水	木	金	土	金	水	火	水	水	火

姓	석昔	송松	승承	심沈	악岳	임林	종宗	주周	창昌	채采	탁卓
자원오행	火	木	水	水	土	木	木	水	火	木	木

姓	경庚	상尙	화和
자원오행	金	金	火

김(金) 성씨의 8 획수에 사용할 수 있는 이름의 획수를 살펴봅니다.

성씨 8 획은, 이름 1. 이름 2 의 모든 획수를 사용할 수 있습니다.

성씨 획수	이름 1 획수	이름 2 획수	성씨 획수	이름 1 획수	이름 2 획수	성씨 획수	이름 1 획수	이름 2 획수	성씨 획수	이름 1 획수	이름 2 획수
8	3	5	8	8	5	8	10	15	8	16	15
8	3	10	8	8	7	8	10	21	8	16	17
8	3	13	8	8	9	8	10	23	8	16	21
8	3	21	8	8	13	8	13	3	8	17	7
8	5	3	8	8	15	8	13	8	8	17	8
8	5	8	8	8	17	8	13	10	8	17	16
8	5	10	8	8	21	8	13	16	8	21	3
8	5	16	8	9	7	8	15	8	8	21	8
8	5	24	8	9	8	8	15	9	8	21	10
8	7	8	8	9	15	8	15	10	8	21	16
8	7	9	8	9	16	8	15	16	8	23	10
8	7	10	8	10	3	8	16	5	8	24	5
8	7	16	8	10	5	8	16	7	8	24	7
8	7	17	8	10	7	8	16	9	8	27	10
8	7	24	8	10	13	8	16	13			

(사례) 아래 이름획수를 선택한 경우

성씨	이름 1	이름 2
획수	획수	획수
8	8	9

선택한 이름 1, 이름 2 획수의 한자들을

[대법원 인명용 한자]에서 여러 개를 찾은 후

그중에서 뜻이 좋고 마음에 드는 것을 고릅니다.

이름 1 (8 획)　　　　　이름 2 (9 획)

발음	한자	뜻	획수	발음	한자	뜻	획수
동	侗	정성	8	현	泫	빛날	9
서	抒	풀,펼	8	진	昣	밝을	9
주	周	두루	8	하	抲	지휘할	9
도	到	이를	8	연	姸	고울	9
지	知	알	8	윤	玧	구슬	9

↓

동현 . 동진 . 동하 . 동연 . 동윤

서현 . **서진** . 서하 . 서연 . 서윤

주현 . 주진 . **주하** . 주연 . 주윤

도현 . 도진 . 도하 . **도연** . 도윤

지현 . 지진 . 지하 . 지연 . **지윤**

위의 이름 중에서 마음에 드는 것을 선택하여 사용하시면 됩니다.

4. 타고난 12별자리의 소망을 담아 짓는 방식

아기의 출생일에 의하여 정해지는 12 별자리에서 타고난 별자리의 특성과 기질을 살펴보신 후 이상과 소망을 담은 의미를 지닌 한자와 소리가 좋은 한글이름을 생각하여 결정합니다.

12별자리	출생일 (양력)	행운의 별	행운의 색	행운의 꽃	행운의 보석
양	3월 21일 - 4.20	화성	빨강	튜울립	다이아몬드
황소	4월 21일 – 5.20	금성	초록	제비꽃	에메랄드
쌍둥이	5월 21일 – 6.21	수성	노랑	레몬 꽃	수성
게	6월 22일 – 7.23	달	흰색	연꽃	진주
사자	7월 24일 – 8.23	태양	노랑	해바라기	루비
처녀	8월 24일 – 9.23	수성	회색	은방울꽃	사파이어
천칭	9월 24일 – 10.23	금성	핑크	장미	오팔
전갈	10월 24일 – 11.22	명왕성	검정	민들레	토파즈
사수	11월 23일 – 12.22	목성	오랜지 색	카네이션	터키석
염소	12월 23일 – 1.20	토성	갈색	히아신스	카네트
물병	1월 21일 – 2.19	천왕성	보라	수선화	자수정
물고기	2월 20일 – 3.20	해왕성	파랑	아네모네	진주

10행성(行星)

땅에서 살아가는 인간이 바라보는 하늘에는 해와 달 그리고 수많은 별들이 있는데 한 곳에 멈추어 있는 붙박이 별 항성(恒星)인 태양과 그 주위를 돌고 있는 10개의 떠돌이 별 행성(行星)인 수성, 금성, 지구, 화성, 목성, 토성, 천왕성, 해왕성, 명왕성과 지구의 위성(衛星)인 달을 태양계라고 하며 항성, 행성, 위성, 혜성(彗星), 유성(流星)으로 되어 있는 태양계는 은하계의 한 부분으로 우주는 수많은 은하계로 이루어져 있다.

12별자리

태양계 바깥에는 붙박이 별 항성(恒星)들을 12개의 궁전으로 구획 정리하여 이름을 붙인 12별자리(양, 황소, 쌍둥이, 게, 사자, 처녀, 천칭, 전갈, 사수, 염소, 물병, 물고기)가 있다.

황도(黃道)

천문학에서는 태양의 둘레를 1년에 한 바퀴 도는 지구의 길을 황도라고 하고, 점성학에서는 지구에서 바라본 태양이 하늘 위에서 머물다 간 길을 황도라고 하는데 지구인이 볼 때 큰 원 황도는 태양이 일 년 동안 운행하는 궤도로 황도 위 태양의 위치에 따라 지구에는 계절의 변화가 일어난다.

태양 배후의 하늘에 빙 둘러쳐지는 원주(圓周)를 상하로 약 9°씩의 너비를 갖는 띠 모양을 설정한 것을 황도대(黃道帶)라 하고 황도대를 가로로 30°씩 12개로 구분한 것이 황도12궁(12별자리)이다.

12 별자리는 하늘에서 일 년 동안 태양이 지나는 길 황도(黃道)의 배경을 이루고 있는데 태양이 어느 궁전(별자리)을 지나고 있을 때 아기가 출생했느냐에 따라 다시 말하면 출생 년월일에 따라 12 별자리 중의 하나로

정해지는데, 태어난 날 태양이 위치하는 별자리가 아기의 탄생 별자리로 정해지는 것이다.

지구의 공전

지구가 태양을 중심으로 서쪽에서 동쪽으로 일 년에 한 바퀴씩 도는 운동이며 지구의 공전으로 사계절(춘분, 추분, 하지, 동지)의 변화가 생기는 것이다.

지구에서 관측하면 태양은 별자리를 배경으로 하루에 약 1°씩 서에서 동으로 이동하여 일 년 후 제자리로 돌아오는 것처럼 보이는 태양의 연주운동에 의해서 지구에서 보면 1년 동안 태양이 12별자리(황도黃道 12궁宮)를 지나 원점으로 돌아오는 것으로 느껴지는 것이다.

지구의 자전

지구가 자전축을 중심으로 서쪽에서 동쪽으로 하루에 한 바퀴씩 도는 운동으로 태양이 매일 동쪽에서 떠서 서쪽으로 지며 낮과 밤이 매일 반복된다.

◆ 서양의 점성술과 동양의 사주명리 체계

고대인류의 우주관은 동서양을 막론하고 시공간의 인식을 같이하여서 하늘은 공간을 지배하고 땅은 시간을 지배한다고 생각하여 동양의 사주명리는 10천간으로 하늘을 10개의 공간으로 나누고, 12지지로 땅을 12방향의 시간으로 나누었으며, 서양의 점성술은 10행성과 12별자리로 나누었다.

[점성술]	[사주명리]
10 행성	**10 천간**
해	갑 (甲)
달	을 (乙)
수성	병 (丙)
금성	정 (丁)
화성	무 (戊)
목성	기 (己)
토성	경 (庚)
천왕성	신 (辛)
해왕성	임 (壬)
명왕성	계 (癸)

12 별자리	12 지지	
양	인 (寅)	호랑이
황소	묘 (卯)	토끼
쌍둥이	진 (辰)	용
게	사 (巳)	뱀
사자	오 (午)	말
처녀	미 (未)	양
천칭	신 (申)	원숭이
전갈	유 (酉)	닭
사수	술 (戌)	개
염소	해 (亥)	돼지
물병	자 (子)	쥐
물고기	축 (丑)	소

1) 12별자리와 24절기

일 년 동안 태양의 둘레를 도는 지구의 길인 황도 360°를 15°씩 나눠 자연의 변화를 관찰한 24 절기는 태양을 한 바퀴 도는 일 년을 360 일로 하여 24 등분한 15 일이 1 절기가 되므로 일 년은 24 절기로 이루어져 있는 것이다.

24 절기는 달의 변화에 의한 음력이 아니고, 태양이 머무는 위치에 의한 절기력이다. 농사에 직접적인 영향을 미치는 계절의 변화는 태양의 일 년 움직임에 의한 것이기 때문이다.

24 절기를 15 일 주기로 변화하는 달을 기준으로 하여 날짜 변화의 계산에 편리한 음력을 사용하지 않는 것은, 일 년 주기의 농사를 위한 계절의 변화와 흐름을 알고자 태양을 기준으로 하는 절기력을 사용하는 것이다.

대자연의 시간과 흐름 속에 오랜 기간 사람들에게 삶의 기준이 되어 준 24 절기마다 사람들은 환경을 관찰하고 자연변화의 규칙을 파악하여 이에 대응하고 적응하면서 대자연이라는 거울에 비춰 보며 삶의 태도와 마음을 점검하고 생활의 지혜를 얻게 되었다.

12 별자리 (양력)	24 절기 (양력)	절기의 시간 공간 (주역 64괘)
양 3월 21일 ~ 4월 20일	**춘분** (春分) 3.21 – 4.4	천화동인 (天火同人)　　화합, 공동이익 　　하늘아래　불 밝으니 　　들판에 여러 사람 함께 모여 　　무리와 하나되어 일하고 　　만물을 분간 한다
	4.5 – 4.20 **청명** (清明)	수택절 (水澤節)　　　절제, 책임감, 덕행 　　마디지면서 쑥쑥 자라고 　　절제하며 검소하고 　　덕을 쌓았는지 　　자기자신을 돌아본다
황소 4월 21일 ~ 5월 20일	**곡우** (穀雨) 4.20 – 5.5	뇌택귀매 (雷澤歸妹)　　신중, 예절, 통찰 　　같은 사물에서도 미묘한 　　차이를 볼 줄 알고 　　조화를 이루면서도 　　휩쓸리지 않고 정도를 추구한다
	5.6 – 5.20 **입하** (立夏)	지천태 (地天泰)　　　　소통, 질서, 적극성 　　온순하고 착실하며 　　생존과 삶을 배우고 　　성장을 기뻐하며 　　천지간의 도리를 깨닫는다

12 별자리 (양력)	24 절기 (양력)	절기의 시간 공간 (주역 64괘)
쌍둥이 5월 21일 ~ 6월 21일	**소만** (小滿) 5.21 – 6.5	수천수 (水天需)　　　준비, 실력, 기다림 하늘의 비를 기다리는 밀보리 싹처럼 정도를 지키며 준비하고 사람들과 친목을 다져나간다
	6.6 – 6.21 **망종** (芒種)	뇌천대장 (雷天大壯)　　공명, 정대, 예의 하늘 위에 우레 진동하니 온 세상 기운으로 가득 차네 예절을 지키고 신중히 해야 큰 번영 있으리
게 6월 22일 ~ 7월 23일	**하지** (夏至) 6.22 – 7.6	중천건 (重天乾)　　　자신감, 개척정신 하늘의 운동 굳세어 인생의 좋은 때임을 알고 스스로 힘쓰고 쉬지 않아 운로가 흥창하리
	7.7 – 7.22 **소서** (小暑)	화풍정 (火風鼎)　　　주도자, 창조, 풍요 불에 나무가 들어가니 솥이 음식과 고기를 익힌다 낡은 것을 새것으로 창조하니 집안에 재물이 가득 하리라

12 별자리 (양력)	24 절기 (양력)	절기의 시간 공간 (주역 64괘)
사자 7월 24일 ~ 8월 23일	**대서** (大暑) 7.23 – 8.7	수풍정 (水風井)　　근면, 성실, 인내력 물속에 나무가 들어가니 두레박이 우물 속의 물을 퍼 올리네 때를 기다리며 쉬지 않으면 재물과 행운 얻으리
	8.8 – 8.22 **입추** (立秋)	천수송 (天水訟)　　소통, 합의, 신중 옛것을 알고 분수를 지켜서 몸과 마음을 편안하게 하고 겸손함으로 위를 따르며 대인에게 협조를 구한다
처녀 8월 24일 ~ 9월 23일	**처서** (處暑) 8.23 - 9.7	화수미제 (火水未濟)　　준비, 미래, 정진 멀리 바다를 향해 흐르는 산속의 물이다 창창한 앞길을 인내와 노력으로 전진하라
	9.8 - 9.22 **백로** (白露)	산수몽 (山水蒙)　　교화, 계몽, 학업, 덕성 산 아래 샘이 솟으니 갈 바를 알지 못하네 가르치고 배움에는 좋으니 의무와 권리 예절을 익힌다

12 별자리 (양력)	24 절기 (양력)	절기의 시간 공간 (주역 64괘)
천칭 9월 24일 ~ 10월 23일	**추분** (秋分) 9.23 - 10.7	중지곤 (重地坤)　　포용, 사랑, 겸손 　　덕을 쌓아 만물을 포용하고 　　순한 덕으로 주변을 보살피네 　　서두르지 말고 뒤에 처해야 　　기세와 재물을 보전할 수 있으리
	10.8 -10.23 **한로** (寒露)	뇌산소과 (雷山小過)　신중, 절제, 중용 　　산위에 우레 떨치니 　　기세가 중용을 넘어 　　조금 지나침이네 　　합리적이고 침착해야 하리라
전갈 10월 24일 ~ 11월 22일	**상강** (霜降) 10.24 -11.7	수산건 (水山蹇)　　어진성품, 좋은습관 　　안정된 마음으로 　　현명한 사람에게 묻고 　　자신을 반성하며 　　이성과 지혜를 모은다
	11.8 -11.22 **입동** (立冬)	택지췌 (擇地萃)　　포용, 평화, 재물 　　즐거움과 포용력이 있으면 　　사람들이 모여 든다네 　　많은 선비들 무리를 얻으니 　　대사를 이루리라

12 별자리 (양력)	24 절기 (양력)	절기의 시간 공간 (주역 64괘)
사수 11월 23일 ~ 12월 22일	**소설** (小雪) 11.23 - 12.6	화지진 (火地晉)　　　진취적, 긍정적 땅 위로 해 솟으니 천하에 빛 가득하네 부지런히 나가 일에 임하면 나의 마당에 복이 쌓이리
	12.7 - 12.21 **대설** (大雪)	수지비 (水地比)　　　친화력, 협력, 환희 끊임없이 노력하며 덕 있고 능력 있는 여러 사람을 포용하라
염소 12월 23일 ~ 1월 20일	**동지** (冬至) 12.22 - 1.5	지뢰복 (地雷復)　　　희망, 자신감 땅속에 우레 진동하니 생기가 되돌아오네 나간 사람은 제자리로 오고 수고한 자는 복 얻으리라
	1.6 - 1.19 **소한** (小寒)	수뢰둔 (水雷屯)　　　의지, 노력, 탄생 나무가 흙에서 생하여 뿌리를 내리고 가지에 이르니 용이 구름 속에 서리어 뜻을 얻는다

12 별자리 (양력)	24 절기 (양력)	절기의 시간 공간 (주역 64괘)
물병 1월 21일 ~ 2월 19일	**대한** (大寒) 1.20 - 2.3	중뢰진 (重雷震)　　능력, 검증, 기회 　공자는 갑작스럽게 진동하는 우레와 　사납게 몰아치는 바람 앞에 　엄숙하게 대하고 자신을 　반성하고 수양하고자 했다고 한다
	2.4 – 2.18 **입춘** (立春)	천뢰무망 (天雷無妄)　　소생, 적응, 발전 　하늘에 우뢰가 치니 　만물도 정신을 바짝 차려 　함부로 행동하지 않고 　자신을 발전시킨다
물고기 2월 20일 ~ 3월 20일	**우수** (雨水) 2.19 - 3.5	수화기제 (水火旣濟)　　포용력, 조화, 수양 　더 활짝 자신을 꽃피우고 　조화 이미 이루어졌네 　지금 비록 양지 만났지만 　우환을 생각하고 대처한다
	3.6 – 3.20 **경칩** (驚蟄)	뇌화풍 (雷火豊)　　밝고 강한 기운, 행동력 　성대한 천둥처럼 　소담스러운 번개 불꽃처럼 　깊은 잠에서 깨어나고 움직여서 　생명력과 삶을 일깨운다

2) 10행성의 특성과 기질

① 태양 Sun

태양(太陽)은 사자자리를 지배하며 - 사자자리의 수호성(행운의 별)이다.

원초적인 생명의 씨앗이고 활력이며 삶의 최종적 꿈과 인간의 심장을 상징한다.

태양계의 중심이고 지구상에서의 삶의 원천이며 자아, 의지, 열정, 개성, 창조력, 주체성, 능동적, 표현력, 관대, 지배욕, 리더, 명예를 의미한다.

태양계의 중심에 자리하여 지구를 포함한 9개의 행성과 위성, 혜성, 유성 등의 운동을 지배하고 있는 지구에서 가장 가까운 항성(恒星)이다.

② 달 Moon

달이 지배하는 궁은 게자리이고 - 게자리의 수호성(행운의 별)이다.

변화와 감성의 별로서 인간 영혼의 뿌리를 상징한다.

지구의 위성인 달은 태양에서 비롯된 생명의 씨앗을 품어 양육하는 어머니이며 가정과 삶의 기반이고, 지구에서 본 태양과의 각도에 따라 그 크기가 나날이 변하면서 지구상의 모든 생물의 성장과 쇠퇴의 변화를 암시하고 있으며 평화, 본능, 감수성, 상상력, 온화, 감정, 수용성, 무의식을 의미한다. 달이 인간의 영혼에 작용하는 가장 중요한 기능은 징조이다.

③ 수성 Mercury

수성(水星)이 지배하는 궁은 쌍둥이자리와 처녀자리이고 - 그들의 수호성(행운의 별)이다.

인간이 살아가기 위한 도구와 수단, 지능과 지성의 별이다.

도구와 수단에는 말과 생각, 정보습득과 그것을 분석하여 타인에게 전달하는 이성적 능력을 말하며 논리, 지성, 사고력을 의미한다. 내면의 소리를 눈앞의 현실과 비교하면서 논리적인 이유를 살펴보는 비즈니스와 커뮤니케이션을 담당하는 별이다.

쌍둥이 자리의 수성은 인간의 이성에 의해 행동하고 자신의 문제를 냉정하게 바라보는 합리적이고 논리적인 마음의 소유자이다.

처녀자리의 수성은 예민하고 분별력이 있으며 지성적이고 여행을 통해 다른 세계를 보고 싶어하며 꿈을 꾸는 공상가이다.

④ 금성 Venus

금성(金星)의 지배궁은 황소자리와 천칭자리이고 - 그들의 수호성(행운의 별)이다.

풍요와 미의 여신을 상징한다.

사랑과 미의 여신이고 삶의 풍요와 안락을 원하므로 평화롭고 세련된 분위기를 조성하려고 한다. 평화, 안정, 물질적, 소유욕, 매력, 미의식, 애정, 친화력의 의미를 가지고 있는 인간의 본능적 욕구에 충실한 별이다.

황소자리의 금성은 대지의 여신으로 고요하고 아름다우며 풍요롭고 물질적인 안정과 노력을 통해 무언가를 성취하고자 하며 그 결과물을 손에 쥘 때까지 버티어 기다리는 인내력을 가지고 있다.

천칭자리의 금성은 수용, 수동, 응집의 에너지를 갖고 있으며 우아함과 매너, 세련미를 추구하는 심미주의자이다.

⑤ 화성 Mars

화성(火星)의 지배궁은 양자리이고 - 양자리의 수호성(행운의 별)이다.

힘과 의지, 육체 에너지와 투쟁욕구를 상징한다.

상식의 범위를 크게 벗어나지 않으면서도 무사와 같은 화성의 충동적인 기질은 용맹성과 투쟁정신의 소유자로서 하늘의 전사라고 불려온 힘의 상징이다. 추진력, 개척정신, 공격성, 자기주장, 욕망, 동물근성, 불굴의 용기 등의 의미를 가지고 있는 생성과 소멸을 주관하는 별이다.

⑥ 목성 Jupiter

목성(木星)의 지배궁은 시수자리이고 - 사수자리의 수호성(행운의 별)이다.

확대와 성장, 직관, 사유능력을 지배하는 별이다.

행운과 확장, 보호, 진보, 자비롭고 쾌활하며 희망과 믿음을 주는 기회의 별이라고 한다. 선견지명의 능력과 도량이 넓고 성실하며 큰 꿈을 가지고 명예를 추구하는 재앙과 위험한 순간에 우리를 지켜주는 수호신이다. 지혜, 관용, 풍요, 낙천성, 활발함, 겸손, 정의, 맑은 정신을 의미한다.

⑦ **토성** Saturn

토성(土星)의 지배궁은 염소자리이고 - 염소자리의 수호성(행운의 별)이다.

응축과 통제, 야심과 노력을 의미하는 별이다.

정확하고 냉정하며 성취감과 공정성의 성질을 가진 토성은 물질적으로는 응집력을 정신적으로는 통제력을 다스리며 책임, 냉정, 훈련, 응집, 수렴, 성취, 지속, 현실성을 의미한다. 시간의 흐름에 따라 모든 것이 수축응결 되는 과정을 주관하며 해야 할 일들에 끈기를 가지고 한계를 인내할 수 있도록 하는 별이다.

⑧ **천왕성** Uranus

천왕성(天王星)의 지배궁은 물병자리이고 - 물병자리의 수호성(행운의 별)이다.

지성과 독창성, 직관, 혁명가의 별이다.

상식을 초월한 독창성과 지성을 가지며 직관적인 영감은 섬광처럼 번쩍이며 나타난다. 과학적 영감의 근원으로 시간과 공간의 벽을 뛰어넘어서 단순한 개혁이 아니라 좀더 높은 차원으로 탈바꿈시키기 위해서 존재한다. 자유로움과 통찰력, 분리, 탈출, 장벽을 깨뜨리는 힘, 파쇄, 극복의 의미를 지니고 있다.

⑨ 해왕성 Neptune

해왕성(海王星)의 지배궁은 물고기자리이고 - 물고기 자리의 수호성(행운의 별)이다.

예술적 종교적 영감의 원천, 신비주의자이다.

초현실의 별이고 바다의 제왕인 해왕성의 에너지는 빗물이 대지를 적시듯 이 세상에 스며드는 성인들의 인류애와 같은 것으로 예술의 영감이나 음악, 미술, 문학적 상상력, 직관 등을 통해서 나타난다. 영적 감수성, 상상력, 자기최면, 몽상, 형체 없음, 은용, 도취, 욕망, 염원, 애매모호함 등의 의미를 가지고 있다.

⑩ 명왕성 Pluto

명왕성(冥王星)의 지배궁은 전갈자리이고 - 전갈자리의 수호성(행운의 별)이다.

부활과 삶의 영속성을 의미하는 별이다.

태양계에서 가장 멀리 떨어진 명왕성은 환골탈태를 상징하는 별이다. 안으로 파고들어 자신을 관통하면서 자체분열을 통하여 더욱 강렬하고 새로운 에너지로 변화되어 한 차원 높은 세계로 자신의 에너지를 분출한디.

보다 새로운 존재로 다시 태어날 기회를 갖기 위해 씨앗을 맺는 과정으로 명왕성의 에너지는 위험을 감수하고서라도 목표한 것을 쟁취하며 자기파괴까지도 불사하는 불사조의 성향을 가지고 있다.

3) 12별자리의 특성과 기질

① 양자리 Aries

태양이 지나는 시기 — 양력(3월 21일 ~ 4월 20일경) 춘분 . 청명

빛이 길어지고 희망이 생기는 때, 새 인생의 절기

태양이 양자리를 지나고 있을 때(양력. 3월 21일 ~ 4월 20일경) 출생한 아기의 별자리는 양자리입니다.

새싹, 샘솟는 에너지, 의욕, 본능적, 순수, 정직, 직선적, 강직, 역동성, 반골기질, 개척자이고 공격적이면서도 목표를 달성하지 못해도 좌절하지 않고 또 다른 기회를 찾아 도전하며 자신이 속한 곳에서 우두머리가 되고자 하는 충동적이고 정열적이며 진취적이고 성취욕과 독립정신이 강한 개인주의자이다.

<u>그리스 신화 – 양자리</u>

테살리의 왕에게는 프릭소스와 헬레라는 남매가 있었는데 늘 계모에게 시달리며 살았다. 이것을 본 전령의 신 헤르메스는 남매를 불쌍히 여겨 황금가죽의 양을 보내 안전한 곳으로 보내려 하였다. 남매는 양의 등에 올라타고 하늘을 날던 중 헤레는 아시아와 유럽을 나누는 해협에 떨어져 버리고 만다. 홀로 남은 프릭소스는 흑해의 바닷가에 무사히 도착한다. 그곳에서 프릭소스는 양가죽을 벗겨 잠들지 않는 용이 지키게 한다. 황금가죽을 찾아 모험을 하던 영웅 이아손이 용을 무찌르고 황금가죽을 가져갔고 이 양은 별자리로 변하여 양자리가 되었다.

② 황소자리 Taurus

태양이 지나는 시기 — 양력(4월 21일 ~ 5월 20일경) 곡우 . 입하

의욕이 넘칠 때, 생명의 계절

대지에 뿌리를 내리는 힘과 끈기, 번식, 풍요, 번영, 금전관리 능력자이면서 변화를 싫어하고 안정을 추구하며 추상적이고 애매모호한 것이 아닌 현실적으로 쓸모 있는 실질적인 것을 추구한다.

왕성한 활동력과 신중하고 집요하며 올곧아서 어떠한 고난이나 희생도 참아내고 매진하면서도 나의 것을 획득하는 것에 삶의 의미를 부여하는 탐욕적이고 부와 권력을 얻는 현실감각이 뛰어나며 평화와 아름다움을 즐기는 탐미주의자이며 쾌락주의자이다.

그리스 신화 – 황소자리

페니키아의 공주 에우로페의 관심을 끌기 위해서 황소로 변한 제우스가 바닷가에서 놀고 있던 에우로페가 다가와 장난치듯 황소 등에 올라타자 제우스는 에우로페를 등에 태운 채 곧장 크레타 섬으로 헤엄쳐 간다. 그곳에서 제우스는 에우로페에게 끈질긴 구애를 하고 마침내 아내로 맞아들인다. 그녀는 죽은 뒤 여신으로 숭배를 받았고 황소는 하늘의 별자리가 되었다.

③ 쌍둥이자리 Gemini

태양이 지나는 시기 — 양력(5월 21일 ~ 6월 21일경) 소만 . 망종

본격적인 농사의 시작, 늦은 봄의 미풍과 계절이 변화하는 때이다.

어디서나 새 바람을 일으키며 변화무쌍 하면서도 조용하고 완고하며 사색적이다. 자신감과 외로움의 이중성과 반복성으로 끊임없이 변화하고 새로운 것을 추구하며 호기심을 충족시키고 자신의 역량을 펼쳐 보일 수 있는 더 넓은 세상으로 나아가길 원하기 때문에 경험과 모험을 좋아한다.

학문이나 예술방면에서 명성을 얻을 수 있으며 재치와 연설에 능하고 문장력과 언어 아이디어를 잘 다루고 지적인 열망이 강한 지혜롭고 총명한 모험주의자이다.

그리스 신화 – 쌍둥이자리

스파르타 왕비 레다는 백조로 둔갑하여 찾아온 제우스와 정을 통하여 알을 낳는다. 그 알을 깨고 나온 것이 카스토르와 폴록스의 쌍둥이 형제다. 한번은 두 형제가 황금 양가죽을 찾으러 아르고선을 타고 바다로 나간다. 갑자기 폭풍우가 몰아쳐 배는 높은 파도에 휩쓸리고 위험에 처하지만 쌍둥이 형제가 힘써 침몰하는 배를 간신히 구해 낸다. 이 때문에 지중해를 오가던 뱃사람들은 카스토르와 폴록스를 뱃길을 무사히 지켜주는 수호신으로 생각하게 되었고 이것이 밤하늘의 쌍둥이자리가 되었다.

④ 게자리 Cancer

태양이 지나는 시기 — 양력(6 월 22 일 ~ 7 월 23 일경) 하지 . 소서

1년 중 낮이 가장 긴 날, 에너지와 열정, 급상승의 성장, 여름 무더위가 시작
되는 때

감응, 용기, 탐욕, 집념, 희생적이고 강인한 모성애로 부양정신이 철저하여 가
족, 전통, 과거에 대해 관심을 갖고 있으며 창조, 생명의 보존, 바다와 모든 삶
의 요람을 상징한다.

의협심이 강하고 주관이 뚜렷하며 생활력이 강하고 부지런하다. 재물이든 사
람이든 어머니처럼 의지할 수 있는 존재를 필요로 하며 미래를 철저히 준비한
다.

이들의 성향은 하나의 사랑, 하나의 사람, 하나의 삶, 하나의 평화를 찾아 한
곳에 안착하는 것이다. 감정과 환경에 따라 지속적으로 변화하면서도 자신만
의 고집이 없어 변화의 조류에 쉽게 빠져드는 감상주의자이다.

그리스 신화 – 게자리

헤라는 뱀(히드라)과 정신없이 싸우는 헤라클레스를 죽이려고 게를 보낸다. 게
는 살그머니 기어가 헤라클레스의 발을 무는 데는 성공하지만 곧바로 헤라클
레스의 발에 밟혀 죽었다. 헤라는 한쪽다리가 부러진 채 죽은 게를 가엾게 여
겨 그에 대한 보답으로 별자리로 만들어 주었다고 한다.

⑤ 사자자리 Leo

태양이 지나는 시기 — 양력(7월 24일 ~ 8월 23일경) 대서 . 입추

태양이 가장 위력을 떨치는 시기이다. 에너지가 넘치고 야망이 최고인 때, 가을의 시작

목적을 달성하는 강한 추진력, 승부욕, 열정의 소유자이고 사물을 꿰뚫어보는 지혜와 상상력이 뛰어나다.

용기, 자존심, 자기표현, 창조적, 장엄, 화려하고 위풍당당하며 개방적이고 지도력을 발휘한다. 눈에 보이는 결실을 원하며 과시적이고 강한 현세적 욕망과 자존심의 상징이다. 신중하고 매 순간 충실하게 살며 높은 이상을 추구하는 명예주의자이다.

그리스 신화 – 사자자리

제우스와 알크메나 사이에 태어난 헤라클레스는 제우스의 아내 헤라의 미움을 받는다. 헤라의 계략에 헤라클레스는 12가지 모험을 해야 하는데 첫 번째가 네메아 골짜기의 사자를 죽이는 일이다. 달에서 별똥별이 되어 네메아 골짜기에 떨어진 사자는 사람들을 괴롭히고 있었다. 헤라클레스가 네메아 계곡의 사자를 죽이는 데 성공하자 그의 아버지인 제우스는 그 사자를 하늘의 별자리로 옮겨놓아 아들의 용맹을 기리게 하였다.

⑥ 처녀자리 Virgo

태양이 지나는 시기 — 양력(8월 24일 ~ 9월 23일경) 처서 . 백로

일교차가 커짐, 이슬이 내리기 시작, 여름을 마무리하고 수확을 준비하는 시기

자기가 가장 잘할 수 있는 분야와 정말로 할 수 없는 분야에서 실력의 격차가 매우 크며 그 무엇에도 도움을 요청하거나 의지하지 않고 특유의 근면함으로 스스로 애를 쓰며 살아가려 한다.

분별심, 폐쇄적, 분석적, 중용, 근면, 노동, 세밀함, 지성, 순수함을 가지고 논리적으로 생각하고 방법을 모색하여 원하는 바를 현실에서 완전하게 추구하고자 한다.

감수성이 예민하고 천재성이 번쩍이며 높은 이상과 고결한 정의감으로 자신을 지키는 분석력이 뛰어난 상식주의자이다.

그리스 신화 – 처녀자리

아주 오래전 황금의 시대에 정의의 여신 아스트리아는 이 세상에서 인간과 함께 생활하였다. 그러나 사람들의 타락과 불의에 실망하여 하늘로 돌아가 처녀자리가 되었다.

⑦ 천칭자리 Libra

태양이 지나는 시기 — 양력(9월 24일 ~ 10월 23일) 추분 . 한로

찬 이슬이 맺힘, 지난여름의 과업을 저울에 달아보는 본격적인 가을의 시작.

상대를 파악하고 자신의 방침을 결정하는 적을 알고 나를 알아서 승리하는 능력자이고 억지로 애를 쓰는 일이 아니라 자신이 제일 잘하는 일에 집중해서 몰두하는 성향으로 질서를 잘 지키고 동요됨이 없으며 자기주관이 뚜렷하다.

이들의 가장 큰 장점은 신중함과 올바른 판단력 그리고 타협정신이며 편견에 쉽게 휘말리지 않는 성향의 균형, 조화, 공평한 저울을 가지고 냉정하게 결단을 내리는 재판관이며 이편과 저편의 이익을 공평하게 나누는 매개자, 협상가의 자질이 뛰어나다.

그리스 신화 – 천칭자리

그리스인은 정의의 여신 아스트라이아가 선악을 판단하는 데 사용하는 저울이라고 생각하였다. 아스트리아는 인간 세상의 정의와 악의 무게를 재기 위해 저울을 가지고 다녔다. 그런데 그녀가 인류의 타락에 실망하여 하늘로 돌아가 별자리(처녀자리)가 되자 그 저울도 별자리인 천칭자리가 되었다.

⑧ 전갈자리 Scorpio

태양이 지나는 시기 ─ 양력(10월 24일 ~ 11월 22일경) 상강 . 입동

서리가 내리고 단풍이 붉게 물들어 낙엽 지는 만추이다. 겨울의 시작

뛰어난 지각력과 격렬함의 열정 및 집중력을 가지고 있으며, 한 가지 분야에 정통하여 널리 알려지게 되고, 적어도 자신이 선택한 분야에서만은 타의 추종을 불허할 지식을 습득한다.

꿰뚫어 보는 통찰력과 의지력이 강한 특정분야 전문가이며, 살아가면서 겪는 일상다반사를 관통하면서 고통을 성장의 계기로 삼아 자신만의 삶의 방식을 추구한다.

침착하고 신중하게 장래의 성공을 위해 빈틈이 없이 완벽에 가까운 처세를 하여 서서히 목적한 바를 기어이 달성하는 대기만성형이다.

그리스 신화 - 전갈자리

사냥꾼 오리온을 물어 죽인 전갈이 나타나는 그리스 신화에 따르면 오리온의 자만심은 하늘을 찌를 듯 높아 "이 세상에서 나보다 힘센 사람은 없다"라고 큰소리치고 다녔다고 한다. 이 말을 들은 헤라는 크게 화가 나 전갈을 보내 오리온을 죽였고, 전갈은 하늘의 별자리가 되었다.

⑨ 사수자리 Sagittarius

태양이 지나는 시기 — 양력(11월 23일 ~ 12월 22일경) 소설 . 대설

얼음이 얼기 시작, 눈이 많이 내림, 가을을 마무리하고 사색하는 시기이다.

왕성한 활동력과 독립심이 강하여 어디에도 얽매이지 않고 좌절하지도 않으며 한바탕 힘차게 뻗어나가려 하는, 냉철한 판단력과 직관, 총명한 두뇌와 불도저 같은 추진력을 지닌 낙천적인 행동가이다.

종교, 철학, 법률, 교육, 스포츠, 여행, 낙천적, 미래지향적, 목표의식, 선견지명으로 본능과 물질 약육강식이 지배하는 짐승의 세계에서 이성과 감성을 지닌 인간을 거쳐 신의 세계에 도달하려는 존재를 상징한다.

그리스 신화 – 사수자리

사수자리는 켄타우로스(허리 위는 사람이고 아래는 말)가 활을 든 모습이다. 난폭한 동물인 켄타우로스족 중에서 카이론이라는 이름의 그는 정의, 지혜, 예언, 활쏘기와 사냥, 음악과 의술에 뛰어났다. 카이론은 영웅 헤라클레스가 잘못 쏜 독화살을 맞고 극심한 고통을 이기지 못해 영원히 살 수 있는 권리를 누리지 못하고 죽었는데 제우스가 모든 사람이 다 볼 수 있도록 그가 활 쏘는 모습을 하늘에 남긴 것이 바로 이 사수자리이다.

⑩ 염소자리 Capricorn

태양이 지나는 시기 — 양력(12월 23일 ~ 1월 20일경) 동지 . 소한

연중 밤이 가장 긴 때, 가장 추운 시기, 가장 남쪽에 있던 태양이 북상하기 시작하는 때

결단력, 의지력과 독립심이 강하고 실행력이 뛰어나며 온순함과 강인함을 두루 갖추고 있는 이들은 꿈과 야망을 위해 장기적인 계획을 세우며 미래에 대한 믿음으로 삶을 실현한다.

자신을 둘러싼 조직과 규율 질서 속에서 편안함을 느끼고 근엄한 태도와 어떤 산이라도 오를 수 있는 힘을 지녔으며 포기와 망설임 없는 강한 마음의 고고한 사람으로 확실한 결과를 얻기 위하여 서두르지 않고 때를 기다리며 엄격한 절제와 인내로 자신의 목표를 성취해 나아가는 조직적이고 보수적이며 근면하고 현실적인 실용주의자이다.

그리스 신화 – 염소자리

별자리의 주인공은 반은 염소이고 반은 물고기인 가축의 신 판이다. 판이 나일 강변에서 열린 신의 잔치에서 흥겹게 노는데 갑자기 괴물 티폰이 쳐들어온다. 신은 제각기 변신하여 도망가기 시작했고 판도 주문을 외우며 변신을 시도한다. 하지만 너무나 급한 나머지 주문이 꼬이는 바람에 위는 염소 아래는 물고기꼬리가 되고 말았다. 이것을 제우스가 하늘의 별자리로 남긴 것이 염소자리이다.

⑪ **물병자리** Aquarius

태양이 지나는 시기 — 양력(1월 21일 ~ 2월 19일경) 대한 . 입춘

겨울 추위의 절정기, 봄의 시작, 발진, 발심, 자애, 생동

지적이고 성실하며 그룹 참여도가 높고 애정보다는 우정과 신의 공정성과 평등함으로 다른 사람들과의 관계를 유지하고자 하고 복종이나 사사로운 감정에 엮이지 않으려는 자유로운 개혁가이면서 이상주의자이고 혁신론자인 동시에 인도주의자이다.

추리력, 비판력이 예민하고 이해력, 설득력과 이론에 능하며 생각을 바꾸면 못할 일이 없다는 혁신적인 가치관을 갖고 있으면서도 겸허히 인내하고 받아들이는 고전적인 성품과 개방적인 사고방식을 지닌 초현실주의자이다.

그리스 신화 – 물병자리

제우스는 신들의 잔치에 술을 따르고 시중을 들게 할 사람을 구하다가 미소년 가니메데로 트로이 왕자를 찾아낸다. 제우스는 독수리로 변신하여 가니메데로를 납치해 올림포스 산에 데리고가 그 일을 시켰다고 한다. 그때 그가 가지고 있던 물병이 변하여 하늘의 물병자리가 되었다.

⑫ 물고기자리 Pisces

태양이 지나는 시기 — 양력(2월 20일 ~ 3월 20일경) 우수 . 경칩

눈이 녹고 비가 내린다, 동면에서 깨어난다.

인간 전체가 아니라 개개의 인간을 중요하게 여기고 신비주의적이면서 사색적이고 직관력이 뛰어나 다른 사람의 마음을 잘 헤아리며 정직하고 진실하면서 맡은 일에 책임을 다하는 성실함을 보인다.

포용, 창조, 꿈, 겸양, 청빈을 일상생활 보다도 더 중요한 현실로 여기는 적응력이 강한 현실주의자이다. 어떤 일을 해결할 때 그 일 한 가지 상황만을 검토하는 것이 아니라 여러 가지 일을 동시에 종합적으로 생각하는 폭넓은 관점의 사고력을 가졌기 때문에 여러 가지 일을 동시에 추진할 때 한순간에 파악하는 천부적인 직관능력의 소유자이다.

그리스 신화 – 물고기자리

신화에서 두 물고기는 미의 여신 아프로디테와 아들 에로스가 변신한 것으로 나타난다. 어느 날 모자가 한가로이 유프라테스강의 정취를 즐길 때 갑자기 괴물 티폰이 나타난다. 머리가 여럿 달린 이 괴물을 피하려고 둘은 곧장 물고기로 변해 강물에 뛰어들었다고 한다. 별자리에서 두 물고기를 잇는 끈은 위험이 닥친 상황에서 더 커지는 모자 사이의 보이지 않는 사랑의 끈을 상징하는 것 같다. 이 둘을 여신 아테나가 하늘에 옮겨 놓은 것이 이 물고기자리이다.

2장

작명법으로
이름 짓기

작명법 이론의 근간을 이루는
음양오행, 사주명리를 살펴 봅니다

한글이름은 성씨별 발음오행이 상생되어 어감이 좋은 이름으로 하며 한자이름은 성명의 한자획수를 수리오행에 길하게 구성하고, 아기 사주에 필요한 오행이면서 뜻이 좋은 한자를 자원오행으로 사용한다.

1. 좋은 이름

[한글이름]

한글은 소리글자이기 때문에 발음이 상생되어 어감이 좋아야 합니다.

한글이름은 부르고 듣기에 좋고 개성과 품위가 있어야 합니다.

[한자이름]

한자는 뜻글자이기 때문에 자의(字意)가 좋아야 하고 아기 사주에 필요한 오행의 한자를 사용합니다.

1) 한자에 담겨있는 뜻과 오행을 선별하고, 사주분석을 통해 필요한 오행을 이름에 보완합니다.

2) 한자의 획수가 너무 많거나 읽고 쓰기에 복잡한 것과 어조사, 불용문자, 불길문자, 모양이 이상한 것은 가급적 사용하지 않습니다.

3) 대법원 인명용 한자를 사용합니다.

4) 성명의 한자획수를 수리사격. 81 수리에 모두 길하게 하고 음양의 조화를 이루어 줍니다.

작명과정

발음이 상생되어 어감이 좋은 한글이름을 짓는다 - **발음오행**

길한수리정렬표에서

성씨에 대한 한자획수와 오행을 찾고,
이름에 사용할 성씨별 길한 수리를 확인한다 – **수리오행**

만세력 – 원광만세력(작명 앱)으로

사주를 찾아서 필요한 오행을 판단한다 – **자원오행**

대법원 인명용 한자에서

한글이름에 해당하는 한자들을 살펴본 후

필요한 오행(자원오행)과 길한 수리(수리오행)를
동시에 충족하는 글자들을 모두 찾아낸다.

필요한 오행과 길한 수리를 갖추고, 뜻이 좋은
한자 중에서 마음에 드는 것으로 결정한다.

2. 성명학 작명법의 종류

성명학은 선천적으로 타고난 사주의 부족한 부분을 필요한 음양오행의 기운을 보충하여 후천적으로 만들어진 이름을 가지고 인간의 운로에 길한 영향을 주려고 하는 노력이며 성명학의 근간은 수리론과 음양오행 및 사주명리 이론이다.

1) 수리성명학(數理姓名學)

어느 사람의 성과 이름자의 한자획수에 의한 사격(원, 형, 이, 정)의 수리가 나왔을 때 그 획수의 수리가 담고 있는 의미를 81수리의 길흉에 따라 초년, 청년, 장년, 노년기 운세를 풀이하는 작명이론이다.

[중국]

송나라 채침(蔡沈)이 만든 [홍범황극]의 81수원도(八十一數元圖)에서 한자의 획수에 의해 길흉을 해설한 것이 수리성명학의 시초라고 한다.

[한국]

우리나라에서도 활동한 일본인 작명가 구마사키 겐오(1881-1961)가 "성명의 신비"라는 책을 통하여 81수리를 정리하고 광고하여 알려지게 되었고 1940년 접수한 창씨개명에 우리국민의 약 80% 정도가 일본식 성씨와 이름을 호적에 올리면서 전국적으로 급속도로 퍼져나갔으며 현재도 발음오행, 자원오행과 함께 가장 많이 쓰이고 있는 작명법이다.

2) 음양성명학(陰陽姓名學)

성과 이름자의 한자획수가 1,3,5,7,9 홀수는 양(陽)이고 2,4,6,8 짝수는 음(陰)이므로 음양의 조화를 이루어지게 하여 작명하는 방법으로, 성씨와 이름의 세 글자 한자획수가 홀수와 짝수로 함께 구성되어 있으면 음양이 갖추어진 이름으로 보는 것이고 세 글자가 모두 홀수이거나 짝수이면 음양을 갖추지 못한 것이라고 하는 것이다.

3) 오행성명학(五行姓名學)

한글과 한자 성명에서 오행을 분리, 구분한 것으로

① **발음오행**은 한글자음의 소리(발음)를 오행으로 구분하여 성씨와 이름이 순서대로 상생되도록 한 것이다.

② **자원오행**은 한자(漢字)가 담고 있는 글자(字)의 근원(源)을 오행으로 구분하여 사주에 필요한 오행을 이름으로 보완할 때 적용하도록 성명학에 도입된 것이다.

4) 용신성명학(用神姓名學)

타고난 사주팔자의 중화를 위하여 필요한 오행, 즉 용신이 되는 오행을 찾아서 자원오행이나 발음오행에 적용하여 작명하는 방법이다.

5) 주역성명학(周易姓名學)

주역의 논리를 가지고 팔괘(八卦)를 64괘사(卦辭)와 384효사(爻辭)로 바꾸어 이름의 길흉과 운명을 풀이하는 것으로 하괘(下卦)는 이름 두 자의 획수로 하고, 상괘(上卦)는 성과 이름자의 획수합계로 하여 본괘만 구성하는 방법과 여기에 더하여 변효(變爻)를 구해서 본괘와 변괘를 구성하는 방식이 주역괘상 작명법이다.

기타 성명학으로 **육효 . 자성 . 곡획 . 성격 . 소리 . 측자파자** 등이 있다.

중국문화의 영향을 받은 우리나라는 통일신라시대에 이르러 성씨와 이름을 함께 적는 한자식 이름을 지으면서 자원오행을 바탕으로 하는 작명을 하게 되었고,

구한말 창씨개명 후 일본인 작명가가 정리하여 발표한 한자획수에 의한 81수 리오행이 급속도로 보급되었으며, 현대에는 발음오행으로 소리가 좋은 한글이름을 우선하는 추세에 있다.

현재 작명소에서 가장 많이 쓰이고 다수 설로 인정받는 이론은 수리오행에 + 발음오행과 + 자원오행을 모두 맞추어 작명하는 방식이고 정통작명법이라고도 한다.

그 외에 자신이 선택한 이론을 덧붙이거나 빼거나 하여 작명하는 사람들도 있으며 또한 편의상 다음과 같은 방식으로 작명하기도 한다.

□ 수리오행을 사용하지 않고 [발음오행 + 자원오행]으로 하거나

□ 자원오행을   "   [발음오행 + 수리오행]   "

□ 발음오행을   "   [수리오행 + 자원오행]   "   한다.

발음오행 + 수리오행 + 자원오행을 동시에, 모두 맞추어 작명하기는 아마추어에게는 조금 어렵습니다.

뜻이 좋은 한자를 골랐는데 사주에 필요한 오행(용신)이 아니라서 자원오행으로 쓸 수 없거나 획수(수리오행)가 맞지 않을 경우 또는 한글 발음오행이 상생되지 않아서 사용하지 못하기 때문입니다.

가장 바람직한 작명방식이지만 자원오행을 정확하게 하기 위해서는 시간과 노력이 필요합니다.

시간이 부족할 경우 자원오행을 포기하고
발음오행 + 수리오행으로 작명하는 것도 생각해 보시기 바랍니다.

3. 천간 지지

태극에서 나온 음양은 오행으로 나뉘고 오행은 다시 10 천간과 12 지지로 나뉘어진다.

천간 – 오행(목.화.토.금.수)을 음양으로 나누어 열 개의 천간이 생겨났다. 생각, 이상, 목표, 드러난 모습 등을 뜻한다.

지지 – 천간의 토(戊己)가 사계절의 간절기(봄辰 여름未 가을戌 겨울丑)로 나뉘어 12 개의 지지가 생겨났다.

행동, 현실, 능력, 결과물 등을 나타낸다.

하늘(천간)이 뜨거우면 땅(지지)이 건조하고, 하늘에서 비가 많이 내리면 땅이 축축해지는 것처럼 지지는 천간의 영향을 받는다.

오행	목(木)	화(火)	토(土)	금(金)	수(水)
	양 . 음	양 . 음	양 . 음	양 . 음	양 . 음
천간	甲 乙	丙 丁	戊 己	庚 辛	壬 癸
	갑 . 을	병 . 정	무 . 기	겅 . 신	임 . 계
지지	寅 卯	巳 午	辰戌 丑未	申 酉	亥 子
	인 . 묘	사 . 오	진술.축미	신 . 유	해 . 자

10천간(天干)

갑(甲)

재목에 비유되고 곧게 올라가는 특성을 지닌 갑목(甲木)은 흙(土)에 뿌리를 내리고, 습한 수(水)의 기운으로 생존하며, 성장하기 위해서 따뜻한 화(火)가 필요하다.

을(乙)

하늘에서는 바람이요 자유롭게 날아다니는 새에 해당하고 지상에서는 나뭇가지의 잎, 꽃, 열매 또는 화초, 잔디, 넝쿨, 농작물에 비유된다.

병(丙)

하늘의 태양이고 지상에서는 전등과 같이 빛을 내는 것이며 생물(生物)의 생장을 돕고 세상만물을 양육한다.

정(丁)

하늘에서는 어둠을 밝히는 별이요 지상에서는 촛불, 모닥불, 용광로 등의 불과 같아서 갑목(甲木)을 태워 경금(庚金)을 녹여서 기물을 만들고 문명발달에 기여한다.

무(戊)

산, 언덕, 제방 등 만물이 생장하는 자연적인 장소인 땅이다. 갑목(甲木)을 심어 병화(丙火)로 결실을 맺게 한다.

기(己)

논, 밭, 전원 같이 인간의 필요에 의하여 개척된 땅이다. 갑목(甲木)과 을목(乙木)을 심어 병화(丙火)로 결실을 맺게 하는 것이 주된 역할이다.

경(庚)

물건을 만들 수 있는 재료인 무쇠, 원광석, 철강과 칼, 도끼 등과 같다. 차갑고 단단하기에 냉정하게 보이나 내면에는 따뜻한 것을 그리워하기에 정화(丁火)를 원한다.

신(辛)

하늘에서는 서리에 비유하고 지상에서는 완성품, 보석, 제련된 금속에 해당되어 밝게 빛나기 위하여 물로 닦아 주는 것을 좋아하고, 뜨거운 불을 싫어하여 정화(丁火)를 제일 싫어한다.

임(壬)

하늘에 이슬이고 지상에서는 바다, 호수, 강, 저수지, 농사 짓는 물로 비유되며 바위(庚金)에서 나오는 물과 같이 임수(壬水)는 차고 냉정하다.

계(癸)

초목과 생물을 키우는 빗물, 이슬과 지하수, 생활용수와 같다. 계수(癸水)는 갑목(甲木)과 을목(乙木)을 키우고 병화(丙火)로 성장시킨다.

천간(天干) . 지지(地支)

사주명리학에서 음양오행을 분류, 표시하기 위한 부호로 하늘을 상징하는 천간 10 자와 땅을 상징하는 지지 12 자를 말합니다.

천간	甲 . 乙	丙 . 丁	戊 . 己	庚 . 辛	壬 . 癸
지지	寅 . 卯	巳 . 午	辰戌 . 丑未	申 . 酉	亥 . 子
음양	양 . 음	양 . 음	양 . 음	양 . 음	양 . 음
오행	목(木)	화(火)	토(土)	금(金)	수(水)
계절	봄	여름	간절기	가을	겨울
품성	어질 인(仁)	기릴 예(譽)	믿을 신(信)	옳을 의(義)	지혜 지(智)
색	청색	적색	황색	백색	흑색
방향	동	남	중앙	서	북
숫자	3 . 8	2 . 7	5 . 10	4 . 9	1 . 6
오장	간	심장	비장	폐	신장
육부	담(쓸개)	소장	위장	대장	방광
물상	재목 . 화초	태양 . 불	산 . 밭	바위 . 보석	바다 . 빗물

지지	子 . 丑	寅 . 卯	辰 . 巳	午 . 未	申 . 酉	戌 . 亥
음양	양 . 음	양 . 음	양 . 음	양 . 음	양 . 음	양 . 음
오행	수 . 토	목 . 토	토 . 화	화 . 토	금 . 금	토 . 수
음력(월)	11 . 12	1 . 2	3 . 4	5 . 6	7 . 8	9 . 10
절기	대한 . 소한	입춘 . 경칩	청명 . 입하	만종 . 소서	입추 . 백로	한로 . 입동
동물	쥐 . 소	호랑이 . 토끼	용 . 뱀	말 . 양	원숭이 . 닭	개 . 돼지

4. 사주 세우기

한자이름을 자원오행 작명법으로 짓기 위해서 필요한 사주팔자는 생년 월일 시로 만세력에서 찾는(세우는) 것인데, 찾기가 불편하실 때 작명 앱(원광만세 력)으로 찾으시면 편리합니다.

만세력이란 전체를 관찰하여 해와 달의 주기적운행을 시간 단위로 표시하고 절기, 일진 등을 천간지지(간지)의 문자로 기록한 책으로 해와 달의 운행과 절 기 등이 60년 주기의 반복 순환과정이라고 보고 그 연월일의 일정시점을 60 개의 간지인 육십갑자로 기록한 것으로 사주를 세우는 자료가 되는 책입니다.

시	일	월	년	
丙	癸	戊	庚	천간(天干) 4글자
辰	未	寅	子	지지(地支) 4글자

사주(四柱)란 년월일시(年月日時) 네개(四)의 기둥(柱)을 말하며 팔자(八字)란 사주를 구성하는 여덟 개의 글자를 말합니다.

사주의 기본 틀은 음양과 오행 그리고 10천간과 12지지에 있고 사주로 그 사 람의 타고난 품성, 진로 적성과 세월의 흐름에 따라 변하는 생활환경 즉 운명 (運命)을 살펴봅니다.

1) 휴대폰에 작명 앱(원광만세력) 다운받기

시중에 많이 나와있는 여러 개의 '앱' 중에서 각자 원하는 것으로 다운받아 사용하실 수 있으며 여기에서는 '원광만세력'을 다운받아 사주찾기를 합니다.

(원광만세력의 다운과 사용은 무료입니다.)

① 네이버

네이버 검색창에   원광만세력   입력

> **원광만세력**

② 앱정보

원광만세력   클릭

③ 설치   클릭

④ 열기   확인

⑤ 앱 접근 권한 안내   확인

⑥ 만세력   확인

⑦ 개인정보 동의   확인

↓

작명 앱 다운받기 완료

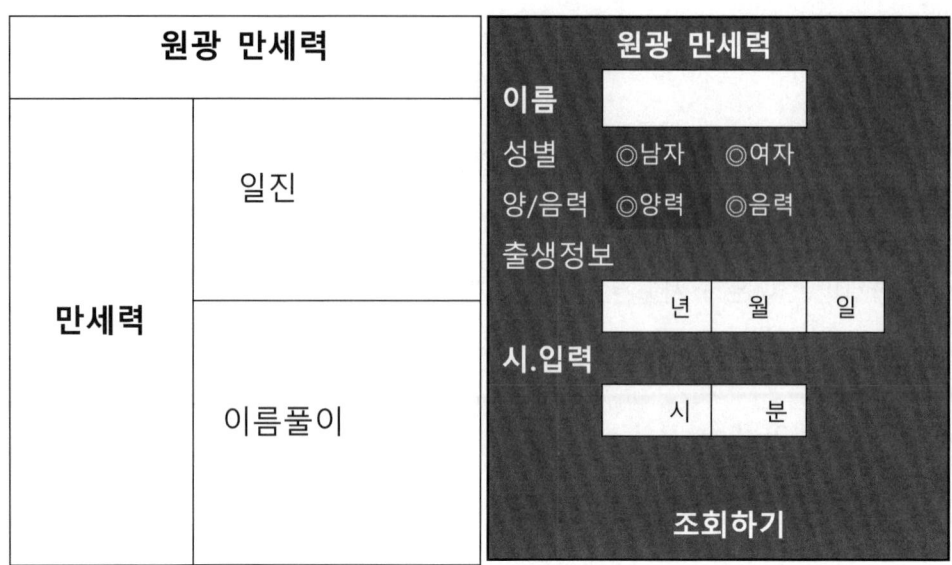

원광 만세력	
만세력	일진
	이름풀이

만세력   - 클릭 → 출생정보 화면 나온 후

성별

양/음력

출생정보

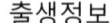

년	월	일

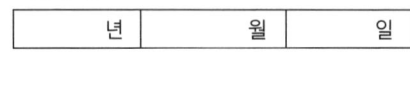

시	분

조회하기   - 클릭 → 사주가 나옵니다

2) 원광 만세력(작명 앱)을 사용하여 사주찾기

(사례) 출생일 . 양력. 2020년 2월 10일 . 08시 30분. 남자

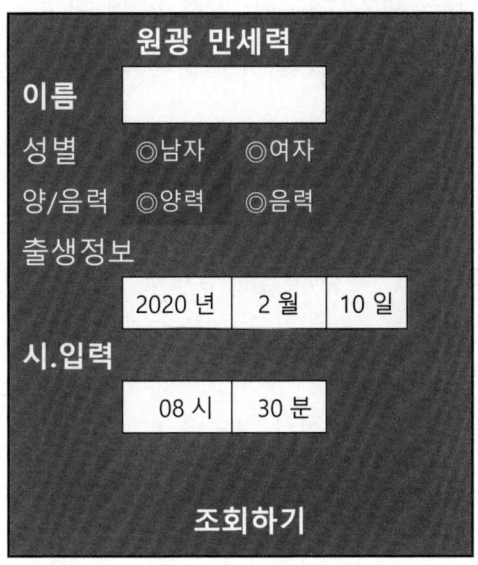

□ **출생정보** 입력 → **조회**하기 → 사주

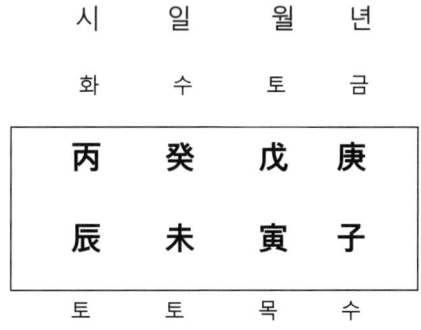

시	일	월	년
화	수	토	금
丙	癸	戊	庚
辰	未	寅	子
토	토	목	수

오행 (五行)   목木(1)   화火(1)   토土(3)   금金(1)   수水(2)

3) 만세력 책으로 사주 세우기(찾기)

(사례) 출생일 양력 2020년 2월 10일 08시 30분 남자

2) 원광만세력(작명 앱)으로 사주찾기와 동일한 사주입니다

① 年   만세력에서 서기 2020년을 펼치면   **庚子**

② 月   2020년   (양력)   2월 10일 찾으면   **戊寅**

③ 日   2월10일   (양력)   **일진**을 찾으면 =   **癸未**

④ 時   일간이 **癸**이고,   08시 30분이 **辰**

          이므로, **시간지**에서 찾으면   **丙辰**

↓

시	일	월	년
丙	**癸**	**戊**	**庚**
辰	**未**	**寅**	**子**

계속해서 만세력 책으로 사주 세우기의 기준과 근거를 알아보겠습니다.

앞의 사주를 예로 들면,

① 연주(年柱)

태어난 해의 간지(庚子)이며 **만세력**으로 찾는 것이고 생년을 구분하는 기준은
입춘이 됩니다.

② 월주(月柱)

만세력에서 양력 2020 년 2 월 10 일을 찾으면 戊寅으로 기록되어 있습니다.
월주의 간지(戊寅)는 각 월의 절입일을 기준으로 정해집니다.

월간지(月干支) 조견표

지지	천간 / 절기	甲己	乙庚	丙辛	丁壬	戊癸
寅	입춘	丙寅	戊寅	庚寅	壬寅	甲寅
卯	경칩	丁卯	己卯	辛卯	癸寅	乙卯
辰	청명	戊辰	庚辰	壬辰	甲辰	丙辰
巳	입하	己巳	辛巳	癸巳	乙巳	丁巳
午	망종	庚午	壬午	甲午	丙午	戊午
未	소서	辛未	癸未	乙未	丁未	己未
申	입추	壬申	甲申	丙申	戊申	庚申
酉	백로	癸酉	乙酉	丁酉	己酉	辛酉
戌	한로	甲戌	丙戌	戊戌	庚戌	壬戌
亥	입동	乙亥	丁亥	己亥	辛亥	癸亥
子	대설	丙子	戊子	庚子	壬子	甲子
丑	소한	丁丑	己丑	辛丑	癸丑	乙丑

③ 일주(日柱)

태어난 날(癸未)을 말하는데 만세력에서 당일의 일진을 찾아 그대로 쓰면 됩니다.

출생 일이 양력 2020 년 2 월 10 일인 경우 만세력에서 태어난 날(10 일)의 일진을 찾아보면 癸未로 기록되어 있습니다.

년을 정하는 기준이 입춘이고 월을 정하는 기준이 각 월의 절입일이라면 일을 정하는 기준은 자(子 23:30~01:30)시이므로 자시부터 하루가 시작되는 것으로 봅니다.

④ 시주(時柱)

시주(丙辰)의 천간은 일간에 의해서 결정되고, 시주의 지지는 고정되어 있어서 자(子)시부터 시작하는데 우리가 사용하는 표준시는 일본의 동경 135°(1961 년 8 월 10 일 ~ 현재)이지만 우리나라는 동경 127°에 위치하므로, 약 30 분 정도 차이가 나기 때문에 시간 적용을 표준시에서 30 분씩 늦춰서 적용해야 합니다.

시	일	월	년
丙	癸	戊	庚
辰	未	寅	子

08 시 30 분 출생이므로 지지에서 찾으면　**辰**

일간이 癸이고 지지가 辰이므로
시간지 조견표에서 찾으면, 시주　　**丙辰**

시간지(時干支) 조견표

지지	(생시)	일간	甲己	乙庚	丙辛	丁壬	戊癸
子	23:30 ~ 01:30		甲子	丙子	戊子	庚子	壬子
丑	01:30 ~ 03:30		乙丑	丁丑	己丑	辛丑	癸丑
寅	03:30 ~ 05:30		丙寅	戊寅	庚寅	壬寅	甲寅
卯	05:30 ~ 07:30		丁卯	己卯	辛卯	癸卯	乙卯
辰	07:30 ~ 09:30		戊辰	庚辰	壬辰	甲辰	丙辰
巳	09:30 ~ 11:30		己巳	辛巳	癸巳	乙巳	丁巳
午	11:30 ~ 13:30		庚午	壬午	甲午	丙午	戊午
未	13:30 ~ 15:30		辛未	癸未	乙未	丁未	己未
申	15:30 ~ 17:30		壬申	甲申	丙申	戊申	庚申
酉	17:30 ~ 19:30		癸酉	乙酉	丁酉	己酉	辛酉
戌	19:30 ~ 21:30		甲戌	丙戌	戊戌	庚戌	壬戌
亥	21:30 ~ 23:30		乙亥	丁亥	己亥	辛亥	癸亥

5. 항렬자·불용문자

1) 항렬자

정해 놓은 한자(漢字)를 사용하여 지은 항렬자 이름이 작명법보다 우선아기 때문에 자원.수리오행에 적절한 경우에는 다행이지만 맞지 않는다면 족보에는 항렬자에 의한 이름을 올리고 호적에는 오행작명법에 의한 이름으로 출생 신고하여 사용하는 방법이 이용되기도 합니다.

성씨별로 가문마다 항렬자를 정해 놓고 이를 후손들이 따르기 때문에 아기 사주와 성씨 + 항렬자 + ( )로 이름을 지으면 작명법의 오행(자원, 수리, 발음)을 동시에 모두 맞추어 지어야 하는 것을, 못하는 경우가 대부분입니다.

항렬자는 한 집안에서 같은 대에 태어난 사람들이 함께 쓰는 동일한 글자로서 같은 조상의 후예임을 알 수 있도록 사용하는 것으로

오행(木 - 火 - 土 - 金 - 水)의 상생으로 하는 방법과

10천간(甲 乙 丙 丁 戊 己 庚 辛 壬 癸)으로 하는 방법

12지지(子 丑 寅 卯 辰 巳 午 未 申 酉 戌 亥)로 하는 방법

숫자(一 二 三 四)를 사용하는 방법 등이 있는데

현재 신생아작명의 경우 약 90% 이상은 항렬자에 상관없이 이름을 짓고 있습니다. 집안에서 결정하실 문제이고 가문마다 정한 항렬자 목록이 있으니 항렬자를 모르시거나 알아야 할 규칙은 종중에 문의하시면 됩니다.

2) 불용(不用)문자

한자의 뜻(字意)이 나쁘기 때문에 사용할 수 없다는 글자

3) 피하는 글자

천간지지 글자와 짐승이나 식물을 뜻하는 글자, 글자의 뜻이 거창하거나 정신세계를 의미하는 글자 등

4) 불길(不吉)문자

글자의 뜻이 나쁘지 않지만 인생행로에 흉한작용을 한다고 하는 불길문자는 주장하는 사람마다 조금씩 다르기 때문에 확정, 특정된 글자가 아니므로 사용하면 좋지 않다고 하는 주장에 동의하지 않는 의견도 많다.

5) 첫째와 둘째 아기가 구별해서 쓰는 글자

첫째가 쓰기에는 좋아도 둘째가 쓰면 첫째에게 좋지 않은 영향을 끼친다고 자제하는 글자

불용문자 사례		피하는 글자 사례	
姦	간사할 [간]	甲	첫번째 천간. 갑옷 [갑]
奸	간음할 [간]	乙	천간 새 [을]
苦	괴로울 [고]	丙	천간 남녘 [병]
哭	울 [곡]	丁	천간 장정 [정]
寡	과부 [과]	戊	천간 [무]
鬼	귀신 [귀]	己	선간 몸 [기]
欺	속일 [기]	庚	천간 별 [경]
怒	성낼 [노]	辛	천간 매울 [신]
尿	오줌 [뇨]	壬	천간 북방 [임]
盜	도둑 [도]	癸	천간 북방 [계]
毒	독할 [독]	子	첫번째 지지. 쥐 [자]
露	이슬 [로]	丑	소 [축]
淚	눈물 [루]	寅	호랑이 [인]
盲	소경 [맹]	卯	토끼 [묘]
亡	망할 [망]	辰	용 [진]
犯	범할 [범]	巳	뱀 [사]
病	병들 [병]	午	말 [오]
貧	가난할 [빈]	未	양 [미]
死	죽을 [사]	申	원숭이 [신]
霜	서리 [상]	酉	닭 [유]
傷	상처 [상]	戌	개 [술]
喪	죽을 [상]	亥	돼지 [해]
衰	쇠할 [쇠]	十	열 [십]
愁	근심 [수]	百	일백 [백]

불용문자 사례	
餓	주릴 [아]
惡	악할 [악]
殃	재앙 [앙]
哀	슬플 [애]
厄	재앙 [액]
弱	약할 [약]
疫	염병 [역]
汚	더러울 [오]
辱	욕될 [욕]
淫	음란할 [음]
泣	울 [읍]
刺	찌를 [자]
障	막힐 [장]
爭	다툴 [쟁]
債	빚 [채]
濁	물흐릴 [탁]
痛	아플 [통]
破	깨뜨릴 [파]
敗	패할 [패]
害	해칠 [해]
險	험할 [험]
血	피 [혈]
禍	재앙 [화]
患	근심 [환]

피하는 글자 사례	
千	일천 [천]
萬	일만 [만]
億	억 [억]
兆	조 [조]
豚	돼지 [돈]
犬	개 [견]
蛇	뱀 [사]
龜	거북 [귀]
鶴	학 [학]
龍	용 [용]
馬	말 [마]
梅	매화나무 [매]
蘭	난초 [란]
菊	국화 [국]
竹	대 [죽]
松	소나무 [송]
江	큰 내 [강]
山	뫼 [산]
佛	부처 [불]
神	귀신 [신]
尊	높을 [존]
福	복 [복]
壽	목숨 [수]
秀	빼어날 [수]

불길문자의 사례		불길문자의 사례	
國	나라 [국]	仁	어질[인]
吉	길할 [길]	月	달 [월]
男	사내 [남]	日	날 [일]
女	계집 [녀]	地	땅 [지]
東	동녘 [동]	眞	참 [진]
美	아름다울[미]	春	봄 [춘]
明	밝을 [명]	夏	여름 [하]
敏	민첩할 [민]	海	바다 [해]
四	넉 [사]	虎	범 [호]
實	열매 [실]	花	꽃 [화]
愛	사랑 [애]	孝	효도 [효]
榮	꽃 [영]	喜	기쁠 [희]
雲	구름 [운]	姬	계집 [희]

첫째와 둘째 아기가 구별해서 쓰는 글자

첫째에게 쓰는 글자	첫째에게 쓰는 글자
甲　갑옷 [갑]	新　새 [신]
巨　클 [거]	元　으뜸 [원]
乾　하늘 [건]	允　진실로 [윤]
高　높을 [고]	胤　이을 [윤]
昆　맏 [곤]	仁　어질 [인]
起　일어날 [기]	寅　셋째 지지 [인]
基　터 [기]	一　한 [일]
大　큰 [대]	壹　한 [일]
德　큰 [덕]	日　해 [일]
東　동녘 [동]	子　아들 [자]
孟　맏 [맹]	長　어른 [장]
明　밝을 [명]	前　앞 [전]
伯　맏 [백]	宗　마루 [종]
甫　클 [보]	柱　기둥 [주]
上　윗 [상]	天　하늘 [천]
碩　클 [석]	靑　푸를 [청]
奭　클 [석]	初　처음 [초]
先　먼저 [선]	春　봄 [춘]
秀　빼어날 [수]	太　클 [태]
首　머리 [수]	泰　클 [태]
承　받들 [승]	弘　넓을 [홍]
始　처음 [시]	

6. 음양오행

1) 음양(陰陽)

태초에 우주의 근본인 무극(無極), 태극(太極)의 혼돈상태에서 어두움과 밝음이 탄생하고 수(水)가 생겨났다. 이를 원기(元氣)라 하고 여기에 화(火)가 생겨나서 水와 火를 음양이라고도 하며 양의(兩儀)로 분열되어 생겨난 음양은 상반된 작용을 하면서도 서로 보완하고 조화를 이루어 하나가 되며 생성과 소멸을 반복하는 자연현상의 법칙이다.

물상(物象)으로 이해하는 음양

(양)	하늘	해	낮	여름	불	아버지	남자
(음)	땅	달	밤	겨울	물	어머니	여자

(양)	햇볕	오전	동쪽	시작	적극적	외향적	모험적
(음)	그늘	오후	서쪽	끝	소극석	내성적	안정적

2) 사상(四象)

양의(兩儀)가 갖는 음양에서 다시 음(陰)에서 음과 양으로 분열한 것을 태음 (太陰), 소양(少陽)이라 하고, 양(陽)에서 음과 양으로 분열한 것을 소음(少陰), 태양(太陽)이라 하는 사상체계를 갖추게 되고 사계절이 탄생하게 되는 바탕이 된다.

사상에서의 태음이 수(水) 겨울이고, 소양은 금(金) 가을이며, 소음이 목(木) 봄이고, 태양은 화(火) 여름이며 토(土)는 각 계절 사이에 있는 간절기(환절기)이다.

3) 오행(五行)

만물을 상징하는 목(木), 화(火), 토(土), 금(金), 수(水)의 5가지(五) 움직이는(行) 기운이 상생과 상극에 의하여 변화하는 원리를 오행이라고 하며 오행의 모든 작용 속에 내재되어 있는 음양운동에서 발생되는 기운이 5가지 성질로 세분화되어 끝없는 순환을 반복하며 만물의 생장(生長)과 수장(收藏) 운동을 하고 있는 것이다.

① 목(木)

새싹이 대지를 뚫고 나올 때 위로 곧게 뻗치는 성질과 옆으로 퍼지는 생명력의 모습을 곡직(曲直)이라고 하며 봄에 일어나는 성장의 자연운동이 목(木)의 특성이다.
적응력, 성장성, 창조력 및 부드러우면서도 자존심과 고집이 강하다.

② 화(火)

목(木)을 기반으로 하여 불꽃이 위로 타오르는 성질을 염상(炎上)이라고 하며 여름에 발생하는 분산작용이 자연운동이 화(火)의 모습이다.
활동성, 세속성, 열정, 예의, 명예를 추구한다.

③ 토(土)

만물을 번식시키며 거둘 수 있는 기반이 되는 토(土)를 가색(稼穡)이라고 하며 木火의 생장을 멈추게 하고 거두고 저장하는 金水의 수장을 하게 하는 중재자 역할을 한다.
중재력, 포용력, 인내력, 고정적이고 안정적이다.

④ 금(金)

새로운 질서에 따르고 용도에 따라 변화하는 것을 종혁(從革)이라고 하며 수렴하여 열매 맺고 거두어들이는 가을의 자연운동이 금(金)의 특성이다.

혁명적, 냉철함, 분리, 판단, 의리를 상징한다.

⑤ 수(水)

땅 아래로 낮게 흐르며 만물을 윤택하게 하는 것을 윤하(潤下)라고 하며 결실한 것을 저장하고 水의 응고작용으로 생명의 씨앗을 보존하여 봄을 준비하는 겨울의 모습을 지니고 있다.

지혜, 신중, 사교적, 적응력, 융통성을 발휘한다.

물상(物象)으로 이해하는 오행(五行)

	목(木)	화(火)	토(土)	금(金)	수(水)
원소	나무	불	흙	쇠	물
계절	봄	여름	간절기	가을	겨울
방향	동	남	중앙	서	북
시간	아침	낮	사이시간	지녁	밤
성품	어질 인仁	예절 예禮	믿을 신信	옳을 의義	지혜 지智
속성	의지.성장	열정.발전	포용.끈기	분리.열매	지혜.본능
색상	청색	적색	황색	백색	흑색
숫자	3 . 8	2 . 7	5 . 10	4 . 9	1 . 6
맛	신맛	쓴맛	단맛	매운맛	짠맛
오장	간장	심장	비장	폐장	신장
오부	담	소장	위장	대장	방광
오관	눈	혀	입	코	귀
발음	ㄱ.ㅋ	ㄴ.ㄷ.ㄹ.ㅌ	ㅇ.ㅎ	ㅅ.ㅈ.ㅊ	ㅁ.ㅂ.ㅍ
천간	甲 乙	丙 丁	戊 己	庚 辛	壬 癸
지지	寅 卯	巳 午	辰戌 丑未	申 酉	亥 子

4) 오행의 상생상극(相生相剋)

상생이란 물이 높은 곳에서 낮은 곳으로 흐르고 불이 위로 타오르는 것과 같이 자연의 순리이며 순행하면서 서로 생(生 낳다, 기르다) 해 주고 도와주며 준비하고 성장하는 것이다.

상극이란 강자가 약자를 누르고 억제하는 것으로 극(剋 이길, 능력)을 통한 약자를 억제하고 정지시키는 작용을 활용하여 강자는 팽창과 발전을 하게 되는 것이다.

오행의 상생상극도(五行의 相生相剋圖)

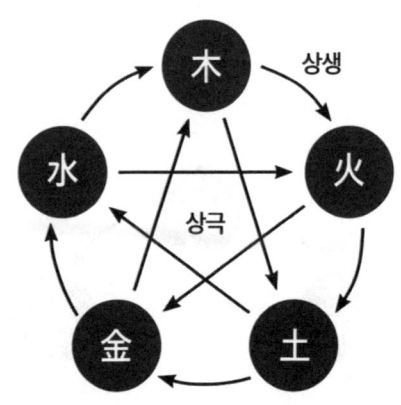

① 상생(相生)

만물이 태어남이고 풍요, 건강, 사랑이며 살아남기 위해서 능력을 준비하는 생존활동이다.

木 → 火 → 土 → 金 → 水 → (木)

목 (木)	나무는 불의 재료가 되고	목생화	木生火
화 (火)	불타고난 후의 재는 흙을 비옥하게 하며	화생토	火生土
토 (土)	흙이 굳어 바위가 되고 광물질이 되어	토생금	土生金
금 (金)	광물질이 녹아 바위 틈에서 물이 흐르고	금생수	金生水
수 (水)	물은 나무를 기른다	수생목	水生木

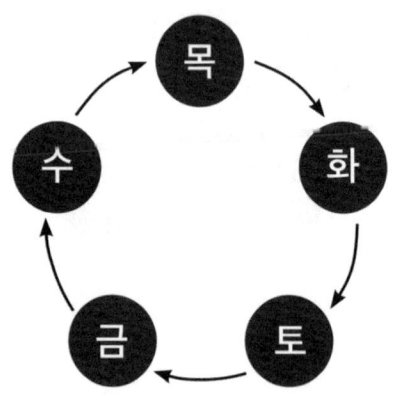

② 상극(相剋)

보다 더 잘살기 위해서 검증, 경쟁을 통하여 결과물을 얻기 위한 능력발휘를 하는 것이다.

木 → 土 → 水 → 火 → 金 → (木)

목 (木)	나무는 흙에 뿌리를 내리고	목극토	木剋土
토 (土)	흙은 물을 막고 가두며	토극수	土剋水
수 (水)	물은 불을 끄고	수극화	水剋火
화 (火)	불은 쇠를 녹이며	화극금	火剋金
금 (金)	쇠는 나무를 자른다	금극목	金剋木

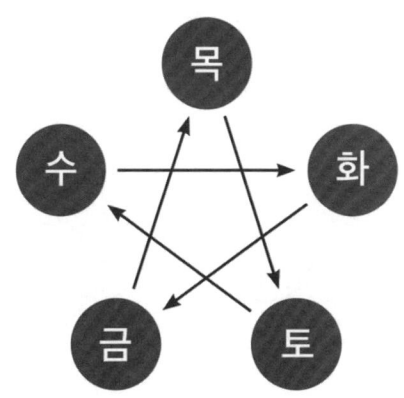

3장

한글이름 짓기
- 발음오행

한글의 글자소리를 논하는 것이 발음오행입니다

1. 한글은 소리글자이기 때문에 발음이 상생되어 어감이 좋아야 합니다. 상생상극을 이해하신 후 성씨별 발음오행에 맞도록 원하시는 이름을 직접 지으시거나

2. 필자가 정리한 [성씨별 한글이름 사전]을 참고하여 아빠 성씨에 따른 발음오행이 상생되는 한글이름을 지으시기 바랍니다.

◆ 발음오행

발음오행이란 한글자음의 소리(발음)를 오행(木.火.土.金.水)으로 구분한 것을 말하고 성(姓)과 명(命)을 연결하여 세 글자의 오행이 순서대로 상생되는 것을 길한 배치로 여기며, 부르기 좋고 듣기에 좋은 이름을 짓기 위해서

1) 한글자음의 초성을 상생배치하고 상극되지 않도록 합니다.

2) 초성과 종성을 함께 사용하여 상생되도록 하는데 성씨에 따라 함께 사용 가능한 성씨와 사용할 수 없는 성씨가 있습니다.

이름의 본질은 소리와 글자의 에너지로서 소리의 에너지는 발음에서 나오는 것이므로 어감이 좋은 한글이름을 짓기 위해서 자음의 오행이 상생되도록 합니다.

발음(소리) 오행의 구성

발음오행 운해본 (다수실)	한글자음	소리		훈민정음 해례본 (소수실)
목 (木)	ㄱ ㅋ	어금닛소리	아음 牙音	木
화 (火)	ㄴ ㄷ ㄹ ㅌ	혓소리	설음 舌音	火
토 (土)	ㅇ ㅎ	목구멍소리	후음 喉音	水
금 (金)	ㅅ ㅈ ㅊ	잇소리	치음 齒音	金
수 (水)	ㅁ ㅂ ㅍ	입술소리	순음 脣音	土

1. 상생상극

오행	자음		상생	상극
목 (木)	ㄱ, ㅋ	木은	**火**를 생	土를 극
화 (火)	ㄴ, ㄷ, ㄹ, ㅌ	火는	**土**를 생	金을 극
토 (土)	ㅇ, ㅎ	土는	**金**을 생	水를 극
금 (金)	ㅅ, ㅈ, ㅊ	金은	**水**를 생	木을 극
수 (水)	ㅁ, ㅂ, ㅍ	水는	**木**을 생	火를 극

오행의 상생(相生)

목(木)   **나무(木)는 불(火)의 재료가 되고**   木生火   목생화

화(火)   **불(火)타고난 후의 재는 흙(土)을 비옥하게 하며** 火生土   화생토

토(土)   **흙(土)이 굳어 바위(金)가 되고**   土生金   토생금

금(金)   **산속의 바위(金) 틈에서 물(水)이 흐르며**   金生水   금생수

수(水)   **물(水)은 나무(木)를 기른다**   水生木   수생목

오행의 상극(相剋)

목(木)   **나무(木)는 흙(土)에 뿌리를 내리고**   木剋土   목극토

토(土)   **흙(土)은 물(水)을 막고 가두며**   土剋水   토극수

수(水)   **물(水)은 불(火)을 끄고**   水剋火   수극화

화(火)   **불(火)은 쇠(金)를 녹이며**   火剋金   화극금

금(金)   **쇠(金)는 나무(木)를 자른다**   金剋木   금극목

오행의 상생상극도(相生相剋圖)

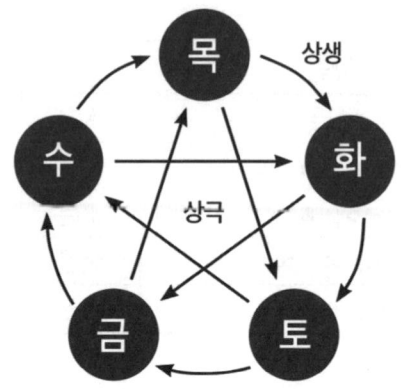

木은 **火**를 **생**하고, 土를 극   **목생화** . 목극토

火는 **土**를 **생**하고, 金을 극   **화생토** . 화극금

土는 **金**을 **생**하고, 水를 극   **토생금** . 토극수

金은 **水**를 **생**하고, 木을 극   **금생수** . 금극목

水는 **木**을 **생**하고, 火를 극   **수생목** . 수극화

1) 발음오행(자음)의 상생 배열 O 좋은이름

木	火	土	金	水
木木火	火火土	土土金	金金水	水水木
木火火	火土土	土金金	金水水	水木木
木火木	火土金	土金水	金水木	水木火
木火土	火木水	土火木	金土火	水木水
木水金	火木木	土火火	金土土	水金金
木水水	火火木	土土火	金金土	水水金
木木水	火土火	土金土	金土金	水金水
木水木	火木火	土火土	金水金	水金土

[사례]

김기태	나도향	이호철	서정민	박문규
木木火	火火土	土土金	金金水	水水木

김대림	나훈아	이재석	서민표	박가겸
木火火	火土土	土金金	金水水	水木木

김나경	나호준	이시민	조병길	박간덕
木火木	火土金	土金水	金水木	水木火

김대현	나균필	이대건	조현대	박건표
木火土	火木水	土火木	金土火	水木水

김민정	태갑경	한동리	차인영	박재섭
木水金	火木木	土火火	金土土	水金金

김보미	나도균	한인대	차중훈	마보석

木水水	火火木	土土火	金金土	水水金

김건모	태호령	한정현	정윤철	마재병
木木水	火土火	土金土	金土金	水金水

김명곤	태규리	한태인	정민준	박정우
木水木	火木火	土火土	金水金	水金土

2) 발음오행(자음)의 상극 배열 X

木	火	土	金	水
木木土	火火金	土土水	金金木	水水火
木土水	火金木	土水火	金木土	水火金
木金火	火水土	土木金	金火水	水土木
木土土	火金金	土水水	金木木	水火火
木金金	火水水	土木木	金火火	水土土
木木金	火火水	土土木	金金火	水水土
木土木	火金火	土水土	金木金	水火水
木金木	火水火	土木土	金火金	水土水

3) 오행의 상비(相比)

같은 오행을 만나는 것을 말하는 상비는 만날 때 그 오행의 힘이 강해진다. 자원오행에서 같은 오행인 상비관계가 사주에 필요하고 부족한 오행을 이름으로 보완하여 줄 때 해당하는 오행이어서 도움이 되는 경우에 길한 관계이고, 사주의 강한 오행이거나 필요하지 않은 오행과의 상비관계는 흉한 관계라고 할 것이므로 한자이름을 자원오행으로 작명을 할 때에는 사주에 필요한 오행인지를 살펴서 사용여부를 판단해야 한다.

목(木)이 목(木)을 만나면 상비이다.

화(火)가 화(火)를 〃

토(土)가 토(土)를 〃

금(金)이 금(金)을 〃

수(水)가 수(水)를 〃

2. 발음오행 사례

1) 한글자음을 상생 배치하여 상극되지 않도록 하고
2) 초성과 종성을 연결하여 같이 적용하기도 합니다.

---

1)

김	ㄱ	목木	초성
동	ㄷ	화火	초성
연	ㅇ	토土	초성

---

2)

김	ㄱ	목木	첫소리	초성
	ㅣ		가운데 소리	중성
	ㅁ	수水	끝소리	**종성** (받침)
주	ㅈ	금金		초성
하	ㅎ	토土		초성

김　주　하

木 + (水) + 金 + 土

1) 초성 (첫소리)만 적용하는 경우

木 + 金 + 土

목 + 금　　　　　　상극되어 발음오행이 맞지 않습니다.

2) 초성과 종성(끝소리.받침)을 연결하여 함께 적용하는 경우

목 + (수) + 금 + 토

상생되어 김주하 좋은 이름입니다.

4장

한자이름 짓기
– 수리오행

성명의 한자 **획수**로 길흉을 논하는 것이 수리오행이다.

길한수리 정렬표에서

1. 아빠 성씨의 한자획수를 찾은 후 성씨별 길한수리(획수)를 이름에 적용한다.

대법원 인명용 한자에서

2. 수리사격이 모두 길하고 뜻이 좋은 한자를 이름으로 사용한다.

◆ 수리오행

어느 사람의 성과 이름자의 한자획수에 의한 사격(원.형.이.정)의 수리가 나왔을 때, 그 획수의 수리가 담고 있는 의미를 81 수리를 가지고 길흉을 판단하는 것으로 수리가 지니고 있는 오행의 기운을 이름에 적용한 것이다.

1. 수리사격과 81수리

1) 수리사격

하늘의 도리와 자연의 순리에 따른 인간의 품성과 도덕성을 갖추고 살아가는 삶의 단계를 설명한 주역의 원형이정 원리를 성명학에 수용한 것이 수리사격론이다.

식물	계절	주역	수리사격	용	우주
근 根	봄	원 元	元格 초년운	잠용	무극
묘 苗	여름	형 亨	亨格 중년운	현룡	태극
화 花	가을	이 利	利格 장년운	비룡	황극
실 實	겨울	정 貞	貞格 노년운	항룡	멸극

원격 - 성을 제외한 이름 두 글자의 획수를 합한 것

형격 – 성과 이름 첫 글자의 획수를 합한 것

이격 – 성과 이름 끝 글자의 획수를 합한 것

정격 - 성과 이름 두 글자의 획수를 모두 합한 것

수리사격의 적용사례

① 성 1자 + 이름 2자일 때

이 李 7 획

15 획 (7+8) **형**격

16 획 (7+9) **이**격

지 怟 8 획

17 획 (8+9) **원**격

혁 奕 9 획

정격 24 획 (7+8+9)

수리사격	81 수리 (획수)	
원격 (元格)	8 + 9 = **17 획**	용진격 . 건창운 [길]
형격 (亨格)	7 + 8 = **15 획**	통솔격 . 복수운 [길]
이격 (利格)	7 + 9 = **16 획**	덕망격 . 재부운 [길]
정격 (貞格)	7 + 8 + 9 = **24 획**	입신격 . 축재운 [길]

② 성 1 자 ＋ 이름 1 자일 때

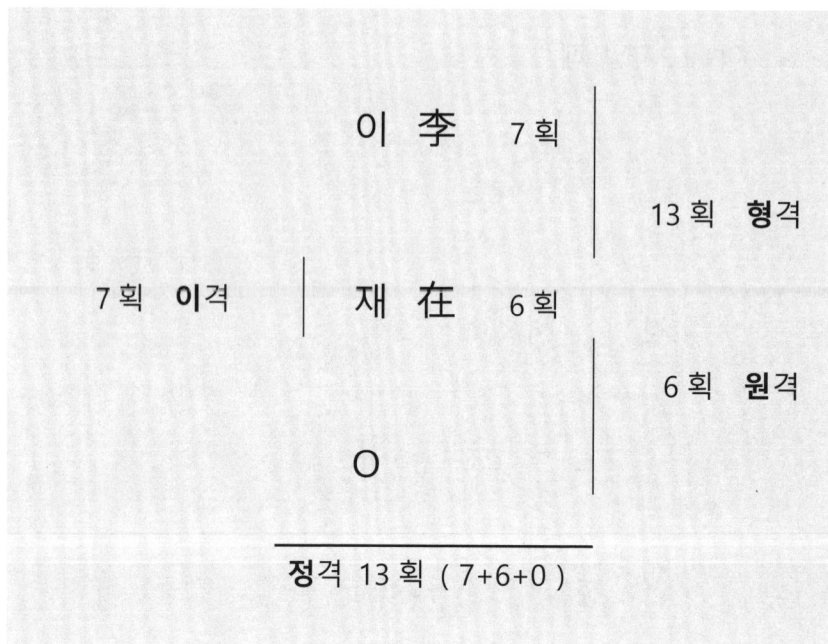

③ 성 2 자 ＋ 이름 2 자일 때

　　성 2 자 획수 합계하여 → 성 1 자 ＋ 이름 2 자처럼 계산한다.

④ 성 2 자 ＋ 이름 1 자일 때
　　성 2 자 획수 합계하여 → 　　성 1 자 ＋ 이름 1 자처럼 계산한다.

2) 81수리

하도낙서에서 기원한 81수리는, 1수부터 81수까지 설명한 수의(數意)를 가지고 수리사격에서 나온 획수의 길흉을 판단하는 근거로 삼는 것이 81수리이다.

송나라 채침(蔡沈)이 만든 [홍범황극]의 81수원도(八十一數元圖)에서 한자의 획수에 의해 길흉을 해설한 것이 수리성명학의 시초라고 하며

성명에서 도출된 수리사격의 획수가 인간에게 영향을 미칠 것이라는 수리성명학으로 발전되어 81수리로 이름이 갖는 운세를 풀이한 것이다.

앞에서 학습한
수리사격의 적용사례 (이지혁)을 - **81 수리로 살펴보는 운세의 길흉** - 에서 보면
사격의 수리가 [길]하여 수리오행이 잘된 이름인 것을 알 수 있다.

[수리사격]   [81수리]

원격	8+9 = **17획**	**용진격 . 건창운** (길)	성취,발전,끈기,번창,
형격	7+8 = **15획**	**통솔격 . 복수운** (길)	재복,리더십,명성,출세
이격	7+9 = **16획**	**덕망격 . 재부운** (길)	성실,인덕,덕망,발전
정격	7+8+9= **24획**	**입신격 . 축재운** (길)	출세,인화력,명예,발전

이름의 한자획수가 옥편과 다른 이유는 무엇인가요?

옥편 = 필획법 (筆劃法) : 글자를 쓸 때의 획수대로 계산하는 방법

작명 = 원획법 (原劃法) : 원래의 뜻 . 부수로 획수를 계산하는 방법을
                        사용하기 때문입니다.

81수리 해석

[81수리로 살펴보는 운세의 길흉]

1 획수   길   기본격(基本格)   두수운(頭數運)

수리의 기본. 시초 . 최고 . 창작 . 희망 . 시작 . 발전
활동적이고 솔선수범하며 부귀영화 속에 소망을 성취
하게 된다.

2 획수   흉   분산격(分散格)   고독운(孤獨運)

고통과 변고속에 좌절

3 획수   길   명예격(名譽格)   복덕운(福德運)

명예. 융화력 . 권력 . 지혜 . 인덕 지덕을
겸비하고 지략이 출중하며 도량이 넓어
부귀공명한다

4 획수   흉   부정격(否定格)   파괴운(破壞運)

실패와 고난 속에 자멸

5 획수   길   복덕격(福德格)   성공운(成功運)

성공 . 덕망 . 명예 . 발전 . 지혜
온후한 성품에 지혜와 덕을 갖추었고
사회적 활동이 뛰어나서 크게 성공한다

6 획수   길   계승격(繼承格)   덕후운(德厚運)

책임감 . 명예 . 재물축적
천성이 유순 온후하여 주변사람의 신망을 받아
출세가 빠르며 재복을 누린다.

7 획수   길   독립격(獨立格)   발달운(發達運)

포용력 . 독립심 . 번창
독립심과 인내력이 강하여 어떠한 난관도 헤쳐 나가며
크게 성취한다.

| 8 획수 | 길 | 발달격(發達格) | 전진운(前進運) |

발전 . 추진력 . 부귀공명
외유내강의 기풍과 인화의 심덕을 쌓아서 사회적 명성과
부를 얻는다

| 9 획수 | 흉 | 궁박격(窮迫格) | 불행운(不幸運) |

병약. 관재. 구설. 조난

| 10 획수 | 흉 | 공허격(空虛格) | 단명운(短命運) |

텅비고 쇠망한 운이다

| 11 획수 | 길 | 신성격(新成格) | 흥가운(興家運) |

발전 . 자신감. 성실 . 풍요 . 사교적 . 자립심
이지적이고 사고력이 깊으며 성실하고 사교적이다.

| 12 획수 | 흉 | 박약격(薄弱格) | 고수운(孤愁運) |

실패. 부부이별. 고독

| 13 획수 | 길 | 총명격(聰明格) | 지달운(智達運) |

총명 . 명예 . 개척정신 . 지혜
명석한 두뇌에 지혜가 출중하여 대업을 성취할 수 있다.

| 14 획수 | 흉 | 이산격(離散格) | 파괴운(破壞運) |

관재. 구설. 재물풍파

| 15 획수 | 길 | 통솔격(統率格) | 복수운(福壽運) |

재복 . 리더십 . 명성 . 출세
재복과 명성이 따르며 맡은 분야에 두각을 나타내
크게 출세를 할 수 있다.

| 16 획수 | 길 | 덕망격(德望格) | 재부운(財富運) |

성실 . 인덕 . 덕망 . 발전 . 재물축적

인정이 많고 착실하며 노력형으로 두뇌가 명석하고
이지적이며 부귀 공명한다.

| 17 획수 | 길 | 건창격(健暢格) | 용진운(勇進運) |

성취 . 발전 . 끈기 . 번창 . 포용력

자질이 강직하여 초지일관하며 큰 뜻과 대업을 성취하여
명성을 널리 떨친다.

| 18 획수 | 길 | 발전격(發展格) | 융창운 (隆昌運) |

창의력 . 개발 . 포부 . 발전

큰 뜻으로 계획을 세워 포부와 이상을 달성하고 공명을 떨친다.

| 19 획수 | 흉 | 고난격(苦難格) | 병액운(病厄運) |

실패와 좌절, 고독과 병액

| 20 획수 | 흉 | 허망격(虛妄格) | 단명운(短命運) |

교통사고, 형액, 자녀상실

| 21 획수 | 길 | 자립격(自立格) | 두령운(頭領運) |

진취적 . 통솔력 . 자립 . 성공

의욕적이고 진취적이며 자립으로 큰일을 일으켜
성공할 수 있는 지모와 덕망이 있다.

| 22 획수 | 흉 | 중절격(中折格) | 박약운(薄弱運) |

부부갈등, 이별과 고독, 병약

23 획수   길   공명격(功名格)   융창운(隆昌運)

지혜 . 번영 . 덕성 . 행복 . 명예

지덕과 문무가 겸비된 성품에 떠 오르는 태양과 같이
큰 뜻으로 대업을 이루어 부귀공명한다

24 획수   길   입신격(立身格)   축재운(蓄財運)

출세 . 인화력 . 명예 . 발전 . 축재

인화력이 두터워 주위의 신망을 얻으며 신념과 책임감이
강하다.

25 획수   길   안강격(安康格)   재록운(財祿運)

인덕 . 안정 . 지혜 . 평온 . 부귀

마음의 도량이 넓고 지혜와 재치가 뛰어나며 밀고나가는
추진력과 인덕이 좋다.

26 획수   흉   영웅격(英雄格)   만달운(晩達運)

인간관계 장애, 부부운 풍파

27 획수   흉   대인격(大人格)   중절운(中折運)

시비. 구설속에 좌절과 실패 반복

28 획수   흉   풍운격(風雲格)   조난운(遭難運)

현실과 이상의 차이가 크고 가정불화

29 획수   길   성공격(成功格)   풍재운(豊才運)

지혜 . 성취 . 권력 . 재복

지혜롭고 처세술이 뛰어나서 뜻과 포부를 펼치니
명예와 재산이 따른다.

30 획수   흉   불측격(不測格)   부침운(浮沈運)

부부이별, 자손근심

| 31 획수 | 길 | 융창격(隆昌格) | 흥가운(興家運) |

번영 . 통찰력 . 평온 . 발전
두뇌가 명석하며 지(智) . 인(仁) . 용(勇)의 삼덕을 구비해
지도자의 자질이 있다.

| 32 획수 | 길 | 순풍격(順風格) | 왕성운(旺盛運) |

재물 . 인덕 . 건강 . 성공
온화하고 친화력이 있는 성품에 재물이 생기고 명예가
높아지는 길한 수리이다.

| 33 획수 | 길 | 융성격(隆盛格) | 등룡운(登龍運) |

지모출중 . 성공 . 명성 . 부귀
지모가 준수하고 재덕을 갖추고 있으며 적극적인
행동으로 장애물을 극복해 나아간다.

| 34 획수 | 흉 | 변란격(變亂格) | 파멸운(破滅運) |

실패. 가정불화. 부부이별

| 35 획수 | 길 | 태평격(泰平格) | 안강운(安康運) |

발전 . 안정 . 성실 . 성공
지능과 재기가 뛰어나 분수에 맞는 천직에 종사하면
부귀 장수할 수 있다.

| 36 획수 | 흉 | 의협격(義俠格) | 파란운(波瀾運) |

금전근심, 가정운 쇠약

| 37 획수 | 길 | 인덕격(人德格) | 출세운(出世運) |

번창 . 지모 . 인덕 . 용기 . 부귀공명
지모와 용기가 출중하고 인덕이 있어 주위의 신망을 얻어
명성과 권위를 얻는다.

| 38 획수 | 중길 | 문예격(文藝格) | 평범운(平凡運) |

온화. 끈기. 안정. 평안. 노력. 발전.
두뇌가 명석하고 이지적인 면도 있으며 예능에도 능하고
기술적인 능력과 재주가 많다.

| 39 획수 | 길 | 장성격(將星格) | 부영운(富榮運) |

명성. 다복. 통솔력. 성공. 행복.
성품이 고결하고 현명하게 처리하는 민첩성이 있어
큰 성공을 거둔다.

| 40 획수 | 흉 | 무상격(無常格) | 파란운(波瀾運) |

인덕부족, 실패반복

| 41 획수 | 길 | 고명격(高名格) | 명예운(名譽運) |

명예 . 지도자 . 성공 . 재복
영민하며 정직하고 담력과 지략을 겸비하여 상하의 신망이
두터워 만인의 사표요 지도자가 될 수 있다.

| 42 획수 | 흉 | 고행격(苦行格) | 수난운(受難運) |

부부 생리사별, 가족상별

| 43 획수 | 흉 | 성쇠격(盛衰格) | 산재운(散財運) |

경제적 고충, 정신착란

| 44 획수 | 흉 | 마장격(魔障格) | 파멸운(破滅運) |

부부이별, 가족우환 등의 흉운

| 45 획수 | 길 | 대지격(大智格) | 현달운(顯達運) |

성공 . 지혜 . 총명 . 발전 . 합리적 .
지모가 출중하며 합리적 사고방식으로 순풍에 돛을 달고
항해하는 배와 같이 만사가 순조롭다.

46 획수　　흉　　　　미운격(未運格)　　　　비애운(悲哀運)
기초운이 불안정해 실패와 좌절

47 획수　　길　　　　출세격(出世格)　　　　전개운(展開運)
발전 . 공명 . 출세 . 명예 . 번영 . 권세
굳건한 의지로 업무에 충실하니 순조로운 발전으로
권위와 명예를 떨친다.

48 획수　　길　　　　유덕격(有德格)　　　　영달운(榮達運)
덕망 . 번창 . 포용력 . 성실 . 인덕 . 재물
지모와 재능을 갖추고 있어 매사 성실히 임하고 영도력과
진취력이 뛰어나다.

49 획수　　흉　　　　은퇴격(隱退格)　　　　변화운(變化運)
주거. 직업 변동 등으로 불안한 생활

50 획수　　흉　　　　부몽격(浮夢格)　　　　불행운(不幸運)
한번 성공하면 한번실패하는 (一成一敗)의 운이다.

51 획수　　반흉 . 반길　　　길흉격(吉凶格)　　　　성패운(盛敗運)
선흉 후길

52 획수　　길　　　　약진격(躍進格)　　　　시승운(時乘運)
진취적 . 도약 . 선견지명 . 승리 , 발전 . 재물
탁월한 선견지명이 있으며 활동적이고 진취적인 성품에
어떤 일을 해도 성공할 가능성이 매우 높다.

53 획수　　흉　　　　내허격(內虛格)　　　　장해운(障害運)
부부 생리사별, 횡액, 수술, 조난

54 획수	흉	무공격(無功格)	절망운(絶望運)

근심, 고난이 계속되어 가세 패망

55 획수	흉	미달격(未達格)	불안운(不安運)

파산, 병고 재화가 엄습

56 획수	흉	한탄격(恨歎格)	패망운(敗亡運)

좌절. 절망. 재화. 망신

57 획수	길	노력격(努力格)	강건운(剛健運)

끈기 . 성취 . 노력 . 성공 . 재물
자질이 강건하고 재능과 용기를 갖추어 크게 성공하여
부귀 공명한다

58 획수	반길 .반흉	후영격(後榮格)	후복운(後福運)

선흉 . 후길
처음엔 곤고하나 인내와 노력으로 행복을 누리게 된다

59 획수	흉	재화격(災禍格)	실의운(失意運)

사업에 손실. 파산이 겹쳐 고달프다

60 획수	흉	동요격(動搖格)	재난운(災難運)

금전운 박약하고 부부이별수

61 획수	길	영화격(榮華格)	재리운(財利運)

발전 . 재물 . 행운 . 추진력 . 영예
심신이 강인하고 재능이 출중하며 자신의 신념을 굽히지
않고 밀고 나간다. 업무에 발전이 오고 사회적으로 능력을
인정 받는다.

| 62 획수 | 흉 | 고독격(孤獨格) | 쇠퇴운(衰退運) |

경제적 고충으로 재난. 병고. 부부이별

| 63 획수 | 길 | 길상격(吉祥格) | 발전운(發展運) |

총명 . 길조 . 포용력 . 명예 . 번영
선천적으로 기품이 있고 지략이 뛰어나 만난을 극복하고
큰 뜻을 성취하고 부귀 공명한다.

| 64 획수 | 흉 | 침체격(沈滯格) | 쇠멸운(衰滅運) |

명예와 재산손실, 가정이 평탄치 못하다.

| 65 획수 | 길 | 휘양격(輝陽格) | 흥가운(興家運) |

부귀 . 성공 . 성취 . 명예 . 번창
매사를 합리적으로 하고 공사를 분명히 하는 성품으로
목적한 바를 반드시 성취하는 노력형이다.

| 66 획수 | 흉 | 우매격(愚昧格) | 쇠망운(衰亡運) |

수난(水難)과 색난(色難)

| 67 획수 | 길 | 영달격(榮達格) | 통달운(通達運) |

온화함 . 행운 . 번창 . 전진 . 추진력
강직함과 온화함이 겸비된 품성에 업무추진력이 강해
하는 일이 순조로이 진행되어 목적한 바를 이룬다.

| 68 획수 | 길 | 명지격(名智格) | 흥가운(興家運) |

성실 . 명예 . 부귀 . 지혜 . 성공
지혜가 총명하며 창조력과 재능이 우수하다. 사리분별이
분명하고 치밀한 계획하에 용의주도한 실천력으로
뜻한 바를 성취한다.

| 69 획수 | 흉 | 종말격(終末格) | 불안운(不安運) |

고독, 병약, 고난

| 70 획수 | 흉 | 공허격(空虛格) | 멸망운(滅亡運) |

형액. 불구. 횡액. 적막강산

| 71 획수 | 반길 . 반흉 | 만달격(晚達格) | 발전운(發展運) |

선흉 . 후길 . 발전 . 희망
착실한 성품에 사교적이다. 사회적으로 덕망과 능력을
인정 받아 성공한다.

| 72 획수 | 흉 | 상반격(相半格) | 후곤운(後困運) |

선부후곤(先富後困)

| 73 획수 | 길 | 평길격(平吉格) | 평복운(平福運) |

안정 . 지혜 . 행운 . 실천력 . 발전 . 행복
실천력이 뛰어나고 지혜로우며 노력과 자아성취로 안정과
발전이 따르고 부귀한다.

| 74 획수 | 흉 | 우매격(愚昧格) | 미로운(迷路運) |

불의의 재액과 사고. 무위도식

| 75 획수 | 길 | 정수격(靜守格) | 평화운(平和運) |

안정 . 온유 . 행복 . 이지적 . 성공
온유하고 이지적인 성품의 소유자로 맡은 분야의 일에
주변의 신망을 얻고 대성한다.

| 76 획수 | 반흉 .반길 | 선곤격(先困格) | 후성운(後盛運) |

선흉 . 후길 . 발전 . 재복

| 77 획수 | 흉 | 전후격(前後格) | 길흉운(吉凶運) |

초년에는 부모덕을 보지만 세월이 흐를수록 실패와 좌절

| 78 획수 | 반흉.반길 | 선길격(先吉格) | 평복운(平福運) |

선길 . 후흉

| 79 획수 | 흉 | 종극격(終極格) | 부정운(不正運) |

경제적 고충. 교통사고. 횡액

| 80 획수 | 흉 | 종결격(終結格) | 은둔운(隱遁運) |

인덕과 금전복이 없으며 부부불화

| 81 획수 | 길 | 환원격(還元格) | 성대운(盛大運) |

다시 1 로 환원 되는 수 . 명예 . 성취 . 행복 . 희망 .
새출발.
최극수(最極數)로서 사업의 재기, 부흥에 적합한 번영과
융성함이 연속되는 최대의 행운을 유도하는 수리이다.

2. 수리오행 사례
- 김주하

1) 성씨별 길한수리 정렬표에 맞도록 이름의 획수를 선택하면
2) 수리사격(원.형.이.정)의 획수가 모두 길격으로 되어
3) 81 수리로 살펴보는 이름의 운세가 길(吉) 하게 구성되므로

성씨별 길한수리 정렬표

성씨 8 획

성씨 획수	이름 1 획수	이름 2 획수
8	3	5
8	3	10
8	3	13
8	3	21
8	5	3
8	5	8
8	5	10
8	5	16
8	5	24
8	7	8
8	7	9
8	7	10
8	7	16
8	7	17
8	7	24

성씨 획수	이름 1 획수	이름 2 획수
8	8	5
8	8	7
8	8	9
8	8	13
8	8	15
8	8	17
8	8	21
8	9	7
8	9	8
8	9	15
8	9	16
8	10	3
8	10	5
8	10	7
8	10	13

성씨 획수	이름 1 획수	이름 2 획수
8	10	15
8	10	21
8	10	23
8	13	3
8	13	8
8	13	10
8	13	16
8	15	8
8	15	9
8	15	10
8	15	16
8	16	5
8	16	7
8	16	9
8	16	13

성씨 획수	이름 1 획수	이름 2 획수
8	16	15
8	16	17
8	16	21
8	17	7
8	17	8
8	17	16
8	21	3
8	21	8
8	21	10
8	21	16
8	23	10
8	24	5
8	24	7
8	27	10

4) 대법원 인명용 한자에서 한글이름(김주하)에 해당하는 한자들 중에 획수가 맞고 뜻이 좋은 한자를 찾아 이름으로 사용하시면 됩니다.

발음 (오행)	한자	뜻	획수 원획	자원 오행
주 (金)	鉒	쇳돌, 두다	13	金
	賍	재물	12	金
	珘	구슬	11	金
	周	두루, 둘레	8	水
	州	고을	6	水
	注	부을, 물댈, 흐를	9	水
	洲	물가, 섬	10	水
	澍	단비, 젖을	16	水

발음 (오행)	한자	뜻	획수 원획	자원 오행
하 (土)	厦	큰 집, 문간방	12	木
	廈	큰 집, 문간방	13	木
	荷	멜, 책임질, 연꽃	13	木
	抲	지휘할	9	木
	閜	크게 열릴	13	木
	昰	여름, 클	9	火

이름1 획수로 8획의 한자를 선택한 경우
이름2 획수로 선택할 수 있는 한자획수는
성씨별 길한수리 정렬표에서 찾아보면 5, 7, 9, 13, 15, 17, 21입니다.

획수가 맞는 한자 여러 개를 선택한 것 중에서 뜻이 마음에 드는 것을 골라
이름으로 사용하시면 됩니다.

발음 (오행)	한자	뜻	획수 원획	자원 오행
김	金	성씨	8	金
주	周	두루, 둘레	8	水
하	廈	큰 집, 문간방	13	木

원격 21 획   자립격.두령운   길(吉)
형격 16 획   덕망격.재부운   길(吉)
이격 21 획   자립격.두령운   길(吉)
정격 29 획   성공격.항복운   길(吉)

수리사격(원.형.이.정)의 획수를 가지고 81수리의 길흉을 살펴보면 위와 같습니다.

5장

한자이름 짓기
- 자원오행

한자의 자의(字意)와 오행을 논하는 것이 자원오행이다.

만세력 또는 작명 앱(원광만세력)으로

1. 사주를 세운다. 2. 사주에 필요한 오행을 판단한다.

대법원 인명용 한자에서

3. 사주에 필요한 오행이면서 뜻이 좋은 한자를 이름으로 사용한다.

◆ 자원오행(字源五行)

자원오행은 한자(漢字)가 담고 있는 글자(字)의 근원(源)을 오행으로 구분한 것으로 사주에 필요한 오행인 용신(用神)과 부족한 오행을 이름으로 보완할 때 적용하도록 성명학에 도입된 오행론입니다.

사주를 분석하고 한자에 담긴 뜻과 오행을 선별하여 필요한 오행이고 뜻이 좋은 한자를 자원오행으로 사용합니다.

자원오행은 성명의 순서대로 상생되지 않고 상극되더라도 필요한 오행이라면 길한 배합으로 여겨 사용할 수 있고, 사주에 불필요한 오행은 흉한 배합이 됩니다.

글자의 부수(部首)나 의미로 한자의 오행을 분류하여 정리한 것이 [자원오행 사전]이며 이 책의 부록 [대법원 인명용 한자]에 첨부되어 있습니다.

1. 사주에 필요한 오행

사주에 필요한 오행인 용신을 찾는 목적은 사주팔자의 오행이 조화를 이루지 못하고 편중되어 있을 때 중화(中和)를 이루어 주기 위한 것이다.

용신은 사주팔자를 두루 살펴서 조후용신 또는 억부용신 및 병약용신, 통관용신, 전왕용신 법으로 찾아내는데 조후용신을 기본으로 우선하면서 대부분 억부용신이 적용되며 필요한 오행이 조후와 억부용신을 겸하는 경우도 많이 있다.

1) 조후용신(調候用神)

음양오행을 바탕으로 편안한 환경과 심리적 안정을 지향하는 조후용신은 월지에 담겨 있는 계절의 온도와 습도의 변화에 따라 삶의 환경이 바뀌는 기후의 조화를 말하는 것으로 한(寒) . 난(暖) . 조(燥) . 습(濕)을 조절하는 오행을 용신으로 한다.

2) 억부용신(抑扶用神)

일간을 중심으로 강한 것을 누르고 약한 것을 도와주는 억부용신(누를 억抑 . 도울 부扶)은 일간을 도와주는 오행의 세력이 크면 일간의 힘을 빼는 오행 중에서 용신을 찾고 반대로 일간의 힘을 빼는 오행의 세력이 크면 일간을 도와주는 오행 중에서 용신을 찾는다.

3) 전왕용신(全旺用神)

사주의 오행이 편중되어 그 세력이 왕성하여 대적할 수 없을 때 그에 순응하는 오행을 용신으로 한다.

4) 통관용신(通關用神)

서로 대립하는 강한 세력을 상생원리로 연결, 소통시키는 오행을 용신으로 한다.

5) 병약용신(病藥用神)

사주의 중화에 도움되는 글자를 파극하는 것을 병(病)이라고 하는데 그것을 억제하는 글자를 약(藥)으로 하여 용신으로 사용한다.

2. 조후용신 사례

세상만물이 기후의 조화에 의하여 이루어지듯이 사주의 차가운 것은 따뜻하게
무더운 것은 시원하게 조후하는 오행이 용신이 된다.

(사례 1)

시	일	월	년
목	목	화	금
乙	甲	丁	庚
丑	戌	亥	子
토	토	수	수

필요한 오행(용신) 정(丁) 화

월지 亥(양력 11월)의 갑목(甲木) 일간은 따뜻한 불이 필요한 겨울철의
갑목이라 생존과 새로운 생명의 탄생을 위하여 따뜻한 丁화가 필요하다.

(사례 2)

시	일	월	년
화	금	토	목
丁	庚	戊	乙
丑	辰	子	未
토	토	수	토

필요한 오행(용신) 정(丁) 화

월지가 추운 子(양력 12월)의 경금(庚金) 일간은 생존과 번영을 위하여
정화(丁火)의 제련을 받아 기물이 되어야 한다.

(사례 3)

시	일	월	년
수	토	금	화
癸	戊	辛	丙
丑	子	丑	子
토	수	토	수

필요한 오행(용신)   병(丙) 화

월지 **丑**(양력 1월)의 겨울 무토(戊土)가 엄동설한에 꽁꽁 얼어 붙었으니
丙火를 가지고 따뜻하게 대지를 녹여야 발달한다.

(사례 4)

시	일	월	년
화	목	목	수
丙	甲	乙	壬
寅	午	巳	辰
목	화	화	토

필요한 오행(용신)   계(癸) 수

월지 **巳**(양력 5월)의 갑목(甲木)이 생존과 성장을 하기 위하여 지지의
진토(辰土)가 지니고 있는 지장간 계수(癸水)를 용신으로 써서 생존하며
천간의 丙화로 甲木을 열매 맺게 하고 재목 감이 되도록 성장시킨다.

(사례 5)

시	일	월	년
화	목	화	수
丁	乙	丙	壬
丑	未	午	寅
토	토	화	목

필요한 오행(용신)   1. 임(壬)수   2.축(丑)중에 계(癸)수

월지 **午**(양력 6월)의 을목(乙木)이 성장과 분산을 하기 위하여 癸水가 필요하다. 장미와 목단에 해당하는 여름철의 꽃이라 하늘의 태양 병(丙)火와 지지에 있는 수기(水氣) 축토(丑土)중에 계수(癸水)를 매우 반긴다.

(사례 6)

시	일	월	년
수	화	토	수
癸	丙	己	癸
巳	午	未	酉
화	화	토	금

필요한 오행(용신)   계(癸) 수

무더운 한여름의 월지 **未**(양력 7월)의 병화(丙火) 일간이 불은 뜨겁고 흙은 메말 랐으니 반드시 하늘의 비 계수(癸水)로 지지의 환경을 시원하고 윤택하게 해 주어야 한다.

3. 억부용신 사례

사주의 중화(中和)를 위하여 일간에게 제일 필요한 오행인 억부용신은 그 사람의 희망과 의지력이고 육친론을 바탕으로 하는 사주풀이를 할 때 억부용신으로 개인의 사생활과 가정생활을 살펴봅니다.

신강신약(身强身弱)

사주의 일간(日干 태어난 날의 천간 글자)을 그 사람의 몸(신身)으로 보고 일간이 강한 것을 신강, 일간이 약한 것을 신약이라고 하며 억부용신을 찾기 위하여 먼저 사주의 신강신약을 판단해야 합니다.

日干

도와주는 오행	일간	힘을 빼는 오행
수 . 목	목(木)	화 . 토 . 금
목 . 화	화(火)	투 . 금 . 수
화 . 토	토(土)	금 . 수 . 목
토 . 금	금(金)	수 . 목 . 화
금 . 수	수(水)	목 . 화 . 토

일간(日干)을 도와주는 오행의 세력이 강하면 신강 사주이고, 힘을 빼는 오행의 세력이 강하면 신약 사주입니다.

신강사주에 필요한 오행(용신)은 힘을 빼는 오행에서 찾고, 신약사주의 용신은 도와주는 오행에서 찾습니다.

신강 신약 판단

일간을 기준으로 하여 사주팔자 간지(干支)별 세력을 점수(10점) 비율로 분석합니다.

시	(일)	월	년
시간 **1**	**일간** **1**	월간 **1**	연간 **0.7**

시지 **1.1**	일지 **1.2**	월지 **약 3배**	연지 **1**

일간을 **1**로 했을 때 위와 같은 비율(점수)로 세력을 추정한다는 사람의 견해를 참고하시면 간지별 세력에 의한 신강 신약 판단을 세밀하게 하실 수 있을 것입니다.

간지별 세력판단을 점수로 하는 방법은 다수로부터 적정한 이론으로 인정받지 못하고 있으므로 초보자의 학습목적으로만 사용하시기 바랍니다.

일간을 도와주는 오행의 세력이 강하면 신강(身强)이고, 일간의 힘을 빼는 오행의 세력이 강하면 신약(身弱)입니다.

1) 신강사주 사례

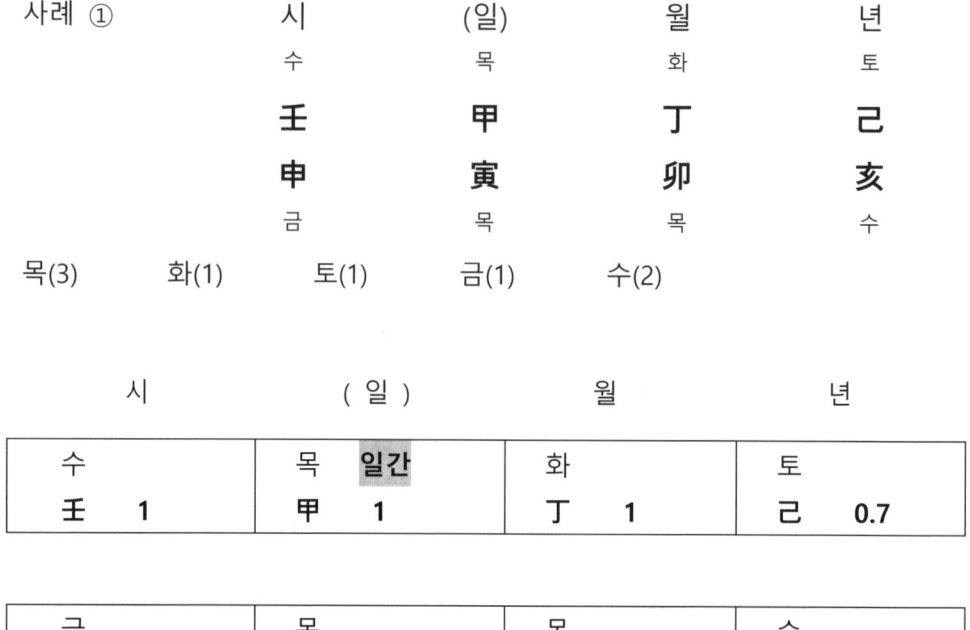

사례 ①

시	(일)	월	년
수	목	화	토
壬	甲	丁	己
申	寅	卯	亥
금	목	목	수

목(3)   화(1)   토(1)   금(1)   수(2)

시	(일)	월	년
수	목 일간	화	토
壬 1	甲 1	丁 1	己 0.7

금	목	목	수
申 1.1	寅 1.2	卯 약 3배	亥 1

일간 (목) 1 + 3 + 1.2 + [도와주는 오행] 수 2 = **7.2**

[힘을 빼는 오행] 화 1 + 토 0.7 + 금 1.1 = **2.8**

신강사주(7.2 > 2.8)이므로, 힘을 빼는 화.토.금 오행 중에서 필요한 오행을 찾으면 화(火)가 용신이고 토(土)가 용신을 도와주는 희신이다.

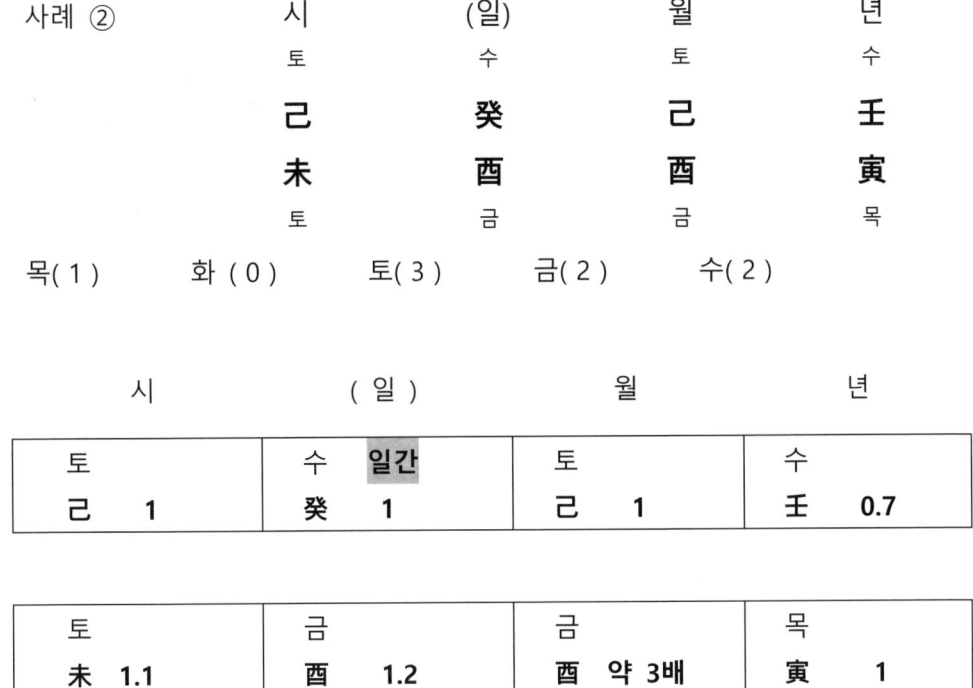

사례 ②

시	(일)	월	년
토	수	토	수
己	癸	己	壬
未	酉	酉	寅
토	금	금	목

목(1)   화 (0)   토 (3)   금 (2)   수 (2)

시	(일)	월	년
토	수 일간	토	수
己 1	癸 1	己 1	壬 0.7

토	금	금	목
未 1.1	酉 1.2	酉 약 3배	寅 1

일간 (수) 1 + 0.7   +   [도와주는 오행] 금 3 + 1.2 = **5.9**

[힘을 빼는 오행] 목 . 화 . 토   1 + 0 + 3.1 = **4.1**

신강사주(5.9 > 4.1)이므로, 힘을 빼는 오행에서 필요한 오행을 찾으면 목(木)이 용신이고 화(火)가 부족한 오행이므로, 木 火 오행의 한자를 이름으로 사용한다.

사례 ③

	시	(일)	월	년
	토	화	수	금
	戊	**丁**	**壬**	**庚**
	申	**巳**	**午**	**午**
	금	화	화	화

목(0)　　　화(4)　　　토(1)　　　금(2)　　　수(1)

시	(일)	월	년

토	화 일간	수	금
戊　1	丁　1	壬　1	庚　0.7

금	화	화	화
申　1.1	巳　1.2	午　약 3배	午　1

일간 (화) 1 + 1 + 3 + 1.2 ＋ [도와주는 오행] 목 0 = **6.2**

[힘을 빼는 오행] 토 . 금 . 수　1 + 1.8 + 1 = **3.8**

신강사주(6.2 > 3.8)이므로, 힘을 빼는 오행에서 필요한 오행(용신)을 찾으면 용신(水) 희신(金)이다. 한여름의 무더운 계절에 태어나고 화(火) 기운이 강한 사주이기 때문에 수(水)가 조후용신이므로 시원한 壬水를 우선하여 중요하게 쓴다. 필요한 오행이 조후와 억부용신을 겸하고 있다.

2) 신약사주 사례

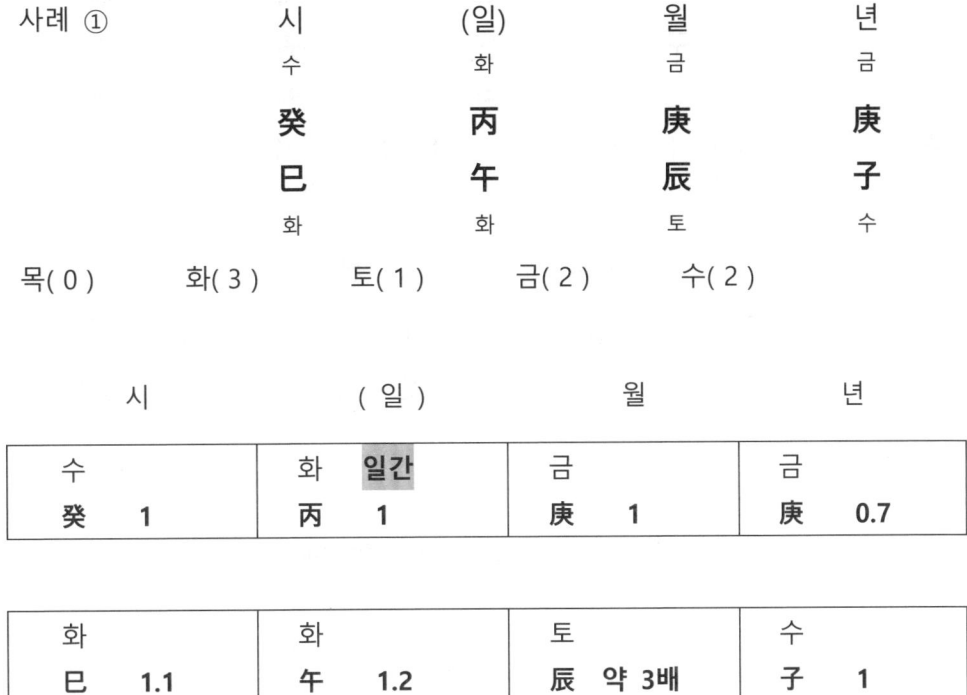

사례 ①

시	(일)	월	년
수	화	금	금
癸	**丙**	**庚**	**庚**
巳	**午**	**辰**	**子**
화	화	토	수

목(0)   화(3)   토(1)   금(2)   수(2)

시	(일)	월	년
수	화 일간	금	금
癸 1	丙 1	庚 1	庚 0.7

화	화	토	수
巳 1.1	午 1.2	辰 약 3배	子 1

일간 (화) 1 + 1.2 + 1.1   +   [도와주는 오행] 목 0 = **3.3**

[힘을 빼는 오행] 토. 금. 수   3 + 1.7 + 2 = **6.7**

신약사주(3.3 < 6.7)이므로, 일간을 도와주는 오행에서 필요한 오행을 찾으면 목(木)이다. 木 오행이면서 뜻이 좋은 한자를 이름으로 사용한다.

사례 ②

	시	(일)	월	년
	목	토	토	금
	甲	**己**	**戊**	**庚**
	子	**巳**	**子**	**午**
	수	화	수	화

목(1)　　화(2)　　토(2)　　금(1)　　수(2)

시	(일)	월	년

목	토　일간	토	금
甲　1	己　1	戊　1	庚　0.7

수	화	수	화
子　1.1	巳　1.2	子　약 3배	午　1

일간 (토) 1 + 1 ＋ [도와주는 오행] 화 1 + 1.2 = **4.2**

[힘을 빼는 오행] 금 . 수 . 목 0.7 + 3 + 1.1 + 1 = **5.8**

신약사주(4.2 < 5.8)이므로, 일간(토) 및 일간을 도와주는 오행에서 필요한 오행을 찾으면 화(火) 토(土)가 용신(用神)과 희신(喜神)이다.

사례 ③

	시	(일)	월	년
	화	수	수	수
	丁	癸	壬	壬
	巳	丑	寅	申
	화	토	목	금

목(1)　　　화(2)　　　토(1)　　　금(1)　　　수(3)

시	(일)	월	년

화	수　일간	수	수
丁　1	癸　1	壬　1	壬　0.7

화	토	목	금
巳　1.1	丑　1.2	寅　약 3배	申　1

일간 (수) 1 + 1 + 0.7 + [도와주는 오행] 금 1 = **3.7**

[힘을 빼는 오행] 목 . 화 . 토 3 + 1 + 1.1 + 1.2 = **6.3**

신약사주(3.7 < 6.3)이므로, 일간을 도와주는 오행에서 필요한 오행을 찾으면 금(金)이 필요한 오행(용신)이다.

6장

작명의
실행

1. 작명 사례

~~~~~~~~~~~~~~~~~~~~~~~~~~~~~~~~~~~~~~

〈 작명순서 〉

1. 발음이 상생되어 어감이 좋은 한글이름을 짓는다. - **발음오행**

길한수리정렬표에서
2. 성씨에 대한 한자획수와 오행을 찾고, 이름에 사용할 성씨별 길
   한 수리를 확인한다. - **수리오행**

만세력 - 원광만세력(작명 앱)으로
3. 사주를 찾아서 필요한 오행을 판단한다. - **자원오행**

대법원 인명용 한자에서 한글이름에 해당하는 한자들을 살펴본 후
1) 필요한 오행(자원오행)과 길한 수리(수리오행)를 동시에 충족하
   는 글자들을 모두 찾아낸다.
2) 필요한 오행과 길한 수리를 갖추고, 뜻이 좋은 한자 중에서 마음
   에 드는 것으로 결정한다.

~~~~~~~~~~~~~~~~~~~~~~~~~~~~~~~~~~~~~~

1. 작명 사례

1) 작명 사례 1

(사례) 출생일. 양력. 2021년 2월 1일 오전 6시 30분. 남자 . 경주 김(金)씨

작명순서 : 발음오행 – 수리오행 – 자원오행

① 발음오행이 상생되어 소리가 좋은 한글이름을 짓는다

ㄱ + ㄷ + ㅎ

한글이름 (사례) 김 동 현 목木 + 화火 + 토土

② "성씨별 길한수리 정렬표"에서 성씨의 한자획수를 파악하고 이름에 사용할 획수를 살펴본다.

[8획 성씨]

경庚	경京	계季	공空	구具	기奇	김金	맹孟	명明	방房	봉奉	사舍
상尙	석昔	송松	승承	심沈	악岳	임林	종宗	주周	창昌	채采	탁卓
화和											

성씨	이름 1	이름 2	성씨	이름 1	이름 2	성씨	이름 1	이름 2	성씨	이름 1	이름 2
획수	획수	획수	획수	획수	획수	획수	획수	획수	획수	획수	획수
8	3	5	8	8	5	8	10	15	8	16	15
8	3	10	8	8	7	8	10	21	8	16	17
8	3	13	8	8	9	8	10	23	8	16	21
8	3	21	8	8	13	8	13	3	8	17	7
8	5	3	8	8	15	8	13	8	8	17	8
8	5	8	8	8	17	8	13	10	8	17	16
8	5	10	8	8	21	8	13	16	8	21	3
8	5	16	8	9	7	8	15	8	8	21	8
8	5	24	8	9	8	8	15	9	8	21	10
8	7	8	8	9	15	8	15	10	8	21	16
8	7	9	8	9	16	8	15	16	8	23	10
8	7	10	8	10	3	8	16	5	8	24	5
8	7	16	8	10	5	8	16	7	8	24	7
8	7	17	8	10	7	8	16	9	8	27	10
8	7	24	8	10	13	8	16	13			

③ 작명 앱 [원광만세력]으로 사주를 찾고(세우고) 자원오행을 판단한다.

(사례) 출생일. 양력. 2021 년 2 월 1 일 오전 6 시 30 분.

남자 . 경주 김 金씨

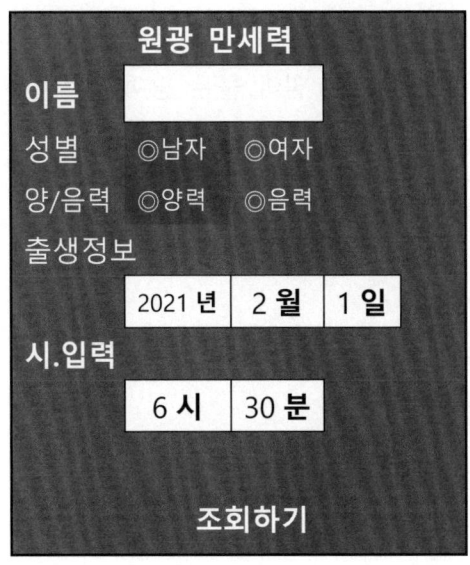

↓

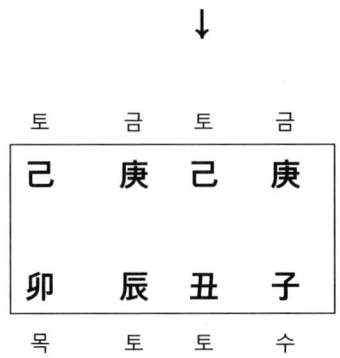

목木 (1)   화火 (0)   토土 (4)   금金 (2)   수水 (1)

부족한 오행   화(火)

필요한 오행   목(木) 화(火)

축(丑)월의 경금(庚金) 일간을 도와주는 오행의 세력이 매우 강한 신강사주 이
므로 힘을 **빼**는 수 목 화 오행에서 필요한 오행을 찾아 자원오행으로 사용한
다.

월지 축(丑 양력 1월)토가 자축(子丑) 육합(六合)으로 얼어 붙은 땅이고, 자진
(子辰) 삼합(三合)으로 물바다가 되었다.

화(火) 오행이 사주에 결석하여 부족한 오행이며 하늘의 태양과 지상의 불에
해당하는 화(火)가 추운 겨울의 축(丑)토에게 매우 필요한 오행이고

화(火)를 생(生) 하여 주는 목(木)이 희신이므로 목(木) 화(火)를 자원오행
으로 한다.

대법원 인명용 한자에서
한글이름 (김동현)에 해당하는 한자(漢字)들 중에서 자원오행과 획수가
동시에 충족되는 글자를 모두 찾습니다.

이름1

발음	한자	뜻	획수	자원
동	仝	한가지, 같을	5	火
동	憧	그리워할	16	火
동	侗	정성 .참될	8	火
동	曈	먼동 틀	16	火
동	銅	구리	14	金
동	桐	오동나무	10	木
동	棟	들보, 마룻대	12	木
동	洞	고을, 골짜기	10	水
동	動	음직일	11	水
동	同	한가지, 같을	6	水

이름 2

발음 (오행)	한자	뜻	획수 원획	자원 오행
현	晛	햇살, 밝을	11	火
현	炫	밝을, 빛날	9	火
현	衒	자랑할	11	火
현	見	나타날	7	火
현	顯	나타날	23	火
현	儇	총명할	15	火
현	晛	햇빛	9	火
현	翾	날, 빠를	19	火
현	怰	팔	9	火
현	顕	나타날	18	火
현	玹	옥돌, 옥빛	10	金
현	絃	악기줄	11	木
현	絢	무늬, 문체	12	木
현	蜆	가막조개	13	水
현	泫	이슬 빛날	9	水

	수리오행 (획수)	발음오행 (한글이름)	자원오행 (한자이름)
金 김	8	목	금(金)
桐 오동나무 동	10	화	목(木)
儇 총명할 현	15	토	화(火)

자원오행 : 사주에 필요한 목(木) 화(火) 오행을 이름으로 보완하였다.

수리오행 : 수리사격(원.형.이.정)이 - 81수리에 - 모두 길하다.

   원격 : 25획   (10+15)   안강격 . 재록운 길(吉)

   형격 : 18획   (8+10)   발전격 . 융창운 길(吉)

   이격 : 23획   (8+15)   공명격 . 융창운 길(吉)

   정격 : 33획   (8+10+15)   융성격 . 등룡운 길(吉)

발음오행 : 목(木) - 화(火) - 토(土)로 발음이 상생된다.

   김 + 동 + 현 : 목(ㄱ) + 화(ㄷ) + 토(ㅎ)

2) 작명 사례 2

(사례) 출생일 2020년 12월 1일 03시 20분 . 여자 . 전주 이(李)씨

작명순서 : 자원오행 – 수리오행 – 발음오행

[첫 번째] 자원오행 - 사수분석과 필요한 오행

(사례) 출생일 2020년 12월 1일 03시 20분 . 여자 . 전주 이(李)씨			
시	일	월	년
癸	戊	丁	庚
丑	寅	亥	子

만세력 – 또는 원광만세력 (작명 앱)으로 사주를 찾아서(세워서)

필요한 오행을 판단한다.

해(亥)월에 태어난 무(戊)土 일간을 도와주는 오행 화(丁)와 토(丑)의
세력이, 힘을 빼는 오행 금(庚) . 수(癸.亥.子) . 목(寅)보다 약하여 신약
(身弱)한 사주이므로
일간에 힘을 주는 **화(火) 토(土) 오행이 필요한 오행**이며
정(丁) 火가 억부용신이고 동시에 조후용신이다.

[두 번째] 수리오행 - 성씨의 한자 획수와 수리사격

성씨의 한자획수를 파악한다 - 이(李)씨 7획

[성씨별 길한수리 정렬표]의 7획 성씨에서 이름에 사용할 획수를 살펴본다.
성씨 7획 + 이름1 + 이름2 = 수리사격이 길격(吉格)으로 구성되고 그렇지 않은 획수를 사용하면 수리사격이 흉격으로 된다.

[7획 성씨]

성씨 획수	이름1 획수	이름2 획수	성씨 획수	이름1 획수	이름2 획수	성씨 획수	이름1 획수	이름2 획수	성씨 획수	이름1 획수	이름2 획수
7	1	10	7	8	17	7	11	14	7	17	8
7	1	16	7	8	24	7	14	4	7	17	14
7	4	4	7	9	8	7	14	10	7	17	24
7	4	14	7	9	16	7	14	11	7	18	6
7	6	10	7	9	22	7	14	17	7	18	14
7	6	11	7	10	1	7	14	18	7	22	9
7	6	18	7	10	6	7	16	1	7	22	10
7	8	8	7	10	8	7	16	8	7	22	16
7	8	9	7	10	14	7	16	9	7	24	1
7	8	10	7	10	22	7	16	16	7	24	8
7	8	16	7	11	6	7	16	22	7	24	17

이(李)씨는 7획성씨이므로

예를 들어 이름1 획수로, 뜻이 좋아 선택한 '동'자가 8획인 경우

이름2 획수로 선택할 수 있는 한자는 8, 9, 10, 16, 17, 24 획수이다.

또 다른 예를 들면 - 지어놓은 한글이름이 '효리'일 경우

대법원 인명용 한자에서 – 성씨별 길한수리 정렬표에 맞는
— 이름1 획수를 가진 한자 "**효**"를 찾고, 선택한 한자획수를 가지고
— 이름2 획수로 선택할 수 있는 한자 "**리**"를 찾는다.

[세 번째] 발음오행 - 발음오행이 상생되는 한글이름

성씨에 따른 한글이름은 자음을 상생배치하고 상극되지 않도록 합니다.

예를 들어

    1) **이 은 서**   토 + 토 + 금   상생(相生) 됩니다.

    2) **이 민 서**   토 + 수 + 금   토극수(土剋水)로 상극 됩니다.

    1) 이은서를 사용하면 발음오행이 맞는다 할 것이고

    2) 이민서를 사용하면 발음오행을 맞추지 않았다고 할 것입니다.

이 경우에

이민서를 사용하고 싶으시다면 - 부모님이 결정할 문제입니다.

발음오행 작명법이 맞지 않아 나쁘다는 말을 들었을 경우 불쾌한
감정을 괜찮다고 소화시킬 수 있으면 됩니다.

실제로 대부분의 작명소에서 모두 맞추어 사용하고 있는
발음오행 + 수리오행 + 자원오행 중에서
발음오행 또는 수리오행이나 자원오행을 사용하지 않고 이름을 짓는
작명소와 아기의 부모님도 많이 있습니다.

[네 번째] 부록

대법원 **인명용 한자**에서

지어놓은 한글이름에 해당하는 한자(漢字)들 중에서 자원오행과

수리오행(획수) 이 동시에 충족되는 글자를 모두 찾습니다.

(사례) 지어놓은 한글이름 **이은서** – 필요한 오행 **화(火) 토(土)**

이름1   "**은**" 한자 찾는 방법

은 한자	뜻	획수	자원오행
檼	마룻대	18	木
蒑	풀빛 푸른	16	木
蒽	풀 이름	16	木
恩	은혜	10	火
垠	가장자리, 경계	9	土
珢	옥돌	11	金
殷	성할, 은나라	10	金
誾	온화할, 향기	15	金
听	웃을	7	水
滰	물가	10	水
圁	물 이름	10	水

자원오행이 화(火) 토(土)이고 뜻이 좋은 글자를 고릅니다.

恩	은혜	10	火

길한수리 정렬표 7획성씨 이름1에 10획을 사용할 수 있는지를 확인합니다. (가능함)

이름2   "**서**" 한자 찾는 방법

-   필요한 오행 화(火) 토(土)   -

이름1 획수로 "10획"을 선택하였으므로

이름2 획수로 선택할 수 있는 한자는 1, 6, 8, 14, 22 획수이다.

서	한자	뜻	획수	자원오행
	徐	천천히	10	火
	恕	용서할, 어질	10	火
	曙	새벽	18	火
	舒	펼	12	火
	恕	용서할	7	火
	惛	지혜로울	13	火
	燰	밝을	12	火
	偦	재주 있을	11	火
	墅	농막, 별장	14	土

자원오행이 화(火) 토(土) 이고 획수가 맞는 글자를 고릅니다.

墅	농막, 별장	14	土

화(火) 오행 중에 뜻이 좋은 글자를 사용하면

수리사격이 맞지 않아 흉격이 되므로 부득이하게 획수를
맞추느라고 14획을 사용하였습니다.

[대법원 인명용 한자]의 글자수가 한정되어 있는 관계로
획수를 맞추어야 하는 수리오행을 동시에 충족시키기 위해

사주에 필요한 오행이면서 뜻이 좋은 한자를 사용하는 자원오행
작명법을 제대로 하기에 불편한 경우도 있습니다.

결정된 이름

李	恩	墅	
이	은	서	
土	土	金	발음오행
7	10	14	(획수) 수리오행
木	火	土	자원오행

발음오행 – 상생 / **수리오행** – 길격 / **자원오행** – 필요한 오행으로

작명법에 맞게 지은 이름입니다.

3) 작명 사례 3

출생일 . 양력 2020년 12월 25일 10시 00분 . 여자 . 밀양 박(朴)씨

① 사주를 분석하여 필요한 오행을 판단한다.

시　　일　　월　　년

乙　　壬　　戊　　庚

巳　　寅　　子　　子

자(子)월의 임(壬)수 일간을 도와주는 오행의 세력이 강하여 신강(身强)사주 이므로 힘을 빼는 목(木) 화(火) 오행이 희용신이고 필요한 오행이며 화(火)가 용신이다.

② 성씨별 길한수리 정렬표에서 성씨와 이름에 사용할 한자획수를 확인한다.

③ 발음이 상생되어 어감이 좋은 한글이름을 짓는다 – (사례) 박서현

④ 대법원 인명용 한자에서 한글이름 박서현에 맞추어

 ― 필요한 오행이고, 성씨별 길한 수리이며, 뜻이 좋은 한자를 선정한다.

		수리오행 (획수)	발음오행 (한글이름)	자원오행 (한자이름)
朴	박	6	수	목(木)
序	차례 서	7	금	목(木)
晛	햇살 현	11	토	화(火)

자원오행 : 사주에 필요한 목(木) 화(火) 오행을 이름으로 보완하였다.

수리오행 : 수리사격(원.형.이.정)이 - 81수리에 - 모두 길하다

원격 : 18획　(7+11)　　　발전격 . 융창운　길(吉)

형격 : 13획　(6+7)　　　총명격 . 지달운　길(吉)

이격 : 17획　(6+11)　　　건창격 . 용진운　길(吉)

정격 : 24획　(6+7+11)　　입신격 . 축재운　길(吉)

발음오행 : 수(水) - 금(金) - 토(土)로 발음이 상생된다.

박 + 서 + 현　:　수(ㅂ) + 금(ㅅ) + 토(ㅎ)

끝.

부록

~~~~~~~~~~~~~~~~~~

대법원
인명용 한자

대법원 인명용 한자

대법원 인명용 한자(2018년 12월 28일 시행 8,279자)에서 불용문자, 어조사, 읽고 쓰기에 복잡하고 획수가 너무 많은 것 등을 제외하였습니다.

발음 (오행)	한자	뜻	획수 원획	자원 오행	발음 (오행)	한자	뜻	획수 원획	자원 오행
가 (木)	架	시렁, 횃대	9	木	가 (木)	價	값, 가치	15	火
	家	집, 건물	10	木		跏	책상다리	12	土
	舸	배, 선박	11	木		嫁	시집갈	13	土
	笳	호드기, 갈대	11	木		珈	머리꾸미개	10	金
	茄	연줄기	11	木		珂	흰 옥돌, 마노	10	金
	榎	개오동나무	14	木		枷	칼, 도리깨	11	金
	稼	심을	15	木		賈	값	13	金
	佳	아름다울, 좋을	8	火		謌	노래	17	金
	斝	술잔, 복을 빌	12	火		可	옳을, 허락할	5	水
	街	거리	12	火		加	더할	5	水
	暇	겨를, 틈	13	火		哿	옳을, 좋을	10	水

발음 (오행)	한자	뜻	획수 원획	자원 오행	발음 (오행)	한자	뜻	획수 원획	자원 오행
가 (木)	哥	노래할	10	水	간 (木)	柬	가릴, 선택	9	木
	嘉	아름다울, 뛰어날	14	水		看	볼	9	木
각 (木)	桷	서까래	11	木		竿	낚싯대, 장대	9	木
	推	두두릴, 칠	14	木		簡	편지, 대쪽	18	木
	閣	집, 누각, 문설주	14	木		栞	표할, 표지	10	木
	恪	삼갈	10	火		榦	줄기, 몸	14	木
	慤	성실할, 삼갈	15	火		秆	볏짚	8	木
	殼	성실할	14	火		侃	강직할	8	火
	刻	새길	8	金		懇	정성	17	火
	珏	쌍옥	10	金		偘	굳셀, 강직할	11	火
간	干	방패	3	木		衎	즐길	9	火
	幹	줄기, 몸	13	木		趕	달릴	10	火
	揀	가릴	13	木		墾	개간할, 밭 갈	16	土
	杆	몽둥이, 방패	7	木		迀	구할	10	土

151

발음 (오행)	한자	뜻	획수 원획	자원 오행
간 (木)	刊	책 펴낼	5	金
	磵	산골 물	17	金
	諫	간할	16	金
	玕	옥돌	8	金
	澗	산골물	16	水
갈 (木)	坴	땅이름	6	木
	葛	칡, 덩굴	15	木
	褐	털옷	15	木
	楬	푯말	13	木
	秸	볏짚	11	木
	噶	다짐할	16	水
감	瞰	굽어볼	17	木
	感	느낄	13	火
	勘	조사할	11	土

발음 (오행)	한자	뜻	획수 원획	자원 오행
감 (木)	堪	견딜, 뛰어날	12	土
	甘	달, 맛이 좋을	5	土
	弇	덮을	9	土
	敢	감행할, 굳셀	12	金
	監	살필	14	金
	玪	옥돌	9	金
갑 (木)	岬	산허리	8	土
	鉀	갑옷	13	金
강 (木)	康	편안할	11	木
	絳	진홍	12	木
	綱	벼리, 주된	14	木
	舡	배, 선박	9	木
	杠	깃대, 다리	7	木
	罡	별이름, 북두칠성	11	木

발음 (오행)	한자	뜻	획수 원획	자원 오행	발음 (오행)	한자	뜻	획수 원획	자원 오행
	橿	굳셀	17	木	강	豇	광저기 콩	10	水
	忼	강개할	8	火		凱	승전, 개선할	12	木
	堈	언덕	11	土		槩	대개, 대강	15	木
	姜	성 강, 강할	9	土		盖	덮을	11	木
	岡	언덕	8	土		揩	문지를	13	木
	崗	언덕	11	土		槩	평미레, 풍채	15	木
강	降	내릴, 하사할	14	土		闓	열, 개방될	18	木
(木)	嫌	편안할	14	土	개	价	착할, 클	6	火
	剛	굳셀	10	金	(木)	皆	다, 모두	9	火
	強	굳셀	11	金		開	열, 펼	12	火
	講	익힐	17	金		塏	높은 땅	13	土
	鋼	굳셀	16	金		改	고칠	7	金
	玒	옥이름	8	金		玠	큰 홀	9	金
	鏗	강할	18	金		溉	물댈	15	水

발음 (오행)	한자	뜻	획수 원획	자원 오행	발음 (오행)	한자	뜻	획수 원획	자원 오행
	苣	상추	11	木		楗	문빗장	13	木
	居	살	8	木		搗	멜	13	木
	据	일할	12	木	건	健	굳셀	11	火
	據	의지할	17	木		鍵	열쇠, 자물쇠	17	金
	擧	들, 일으킬	18	木	(木)	湕	물이름	13	水
거	筥	광주리	13	木		腱	힘줄	15	水
	車	수레	7	火		杰	뛰어날	8	木
(木)	昛	밝을	9	火	걸	亼	걸어둘	6	木
	巨	클	5	火	(木)	傑	뛰어날, 준걸	12	火
	炬	횃불	9	火		檢	검사할	17	木
	鉅	클, 강할	13	金	검	撿	단속할	17	木
	渠	도랑	13	水	(木)	儉	검소할	15	火
	瞼	눈으로 셀	14	木	격	格	격식	10	木
건	建	세울, 엎지를	9	木	(木)	挌	칠	10	木

154

발음 (오행)	한자	뜻	획수 원획	자원 오행	발음 (오행)	한자	뜻	획수 원획	자원 오행
견 (木)	絹	비단	13	木	겸 (木)	縑	합사비단, 명주	16	木
	縛	명주, 흴	17	木		槏	문설주, 단속할	14	木
	見	볼	7	火		兼	겸할, 쌍을	10	金
	堅	굳을	11	土		嗛	겸손할	13	金
	牽	이끌	11	土	경 (木)	擎	들, 받들	17	木
	甄	살필	14	土		經	지날, 글	13	木
결 (木)	結	맺을	12	木		檠	도지개, 등잔걸이	17	木
	觖	서운해할, 들출	11	木		俓	지름길, 곧	9	火
	焆	불빛	11	火		倞	굳셀	10	火
	絜	맑을, 깨끗할	9	土		徑	지름길, 빠를	10	火
	趌	뛸	13	土		憬	깨달을	16	火
	玦	패옥	9	金		炅	빛날, 밝을	8	火
	潔	깨끗할, 맑을	16	水		焗	빛날	11	火
	絜	깨끗할, 바를	14	水		耿	빛, 환할	10	火

발음 (오행)	한자	뜻	획수 원획	자원 오행	발음 (오행)	한자	뜻	획수 원획	자원 오행
경 (木)	景	볕, 해, 경치	12	火	계 (木)	桂	계수나무	10	木
	暻	볕, 해, 밝을	16	火		棨	나무 창	12	木
	憼	공경할, 경계할	17	火		稽	상고할, 헤아릴	15	木
	熲	빛날, 불빛	15	火		係	이을	9	火
	京	서울, 언덕, 클	8	土		烓	화덕, 밝을	10	火
	境	지경, 경계, 상태	14	土		堺	지경, 경계	12	土
	勁	굳셀, 단단할	9	金		界	지경, 경계	9	土
	勍	셀, 강할	10	金		階	섬돌, 사다리	12	土
	敬	공경할, 삼가할	13	金		磎	시내	15	金
	璟	옥빛	17	金		計	셀, 셈할	9	金
	璥	옥이름, 경옥	18	金		誡	경계할	14	金
	鏡	거울, 모범	19	金		啓	열, 밝힐	11	水
	涇	통할	11	水		季	계절, 끝	8	水
계	契	맺을, 계약할	9	木		溪	시내	14	水

발음 (오행)	한자	뜻	획수 원획	자원 오행
고 (木)	庫	창고	10	木
	稿	볏집, 원고	15	木
	杲	밝을	8	木
	篙	상앗대	16	木
	暠	흴	14	火
	高	높을	10	火
	考	헤아릴	8	土
	攷	생각할	6	金
	敲	두두릴	14	金
	賈	장사. 살	13	金
	鼓	북칠	13	金
	詁	주낼	12	金
	沽	팔, 살	9	水
	皐	못, 늪, 언덕	11	水

발음 (오행)	한자	뜻	획수 원획	자원 오행
곡 (木)	穀	곡식	15	木
	槲	떡갈나무	15	木
	縠	주름비단	16	木
	觳	뿔잔	17	木
	轂	바퀴통	17	火
곤 (木)	梱	문지방	11	木
	袞	곤룡포	11	木
	捆	두두릴	11	木
	裍	걷어올릴, 이룰	13	木
	閫	문지방	15	木
	昆	맏, 형, 많을	8	火
	悃	정성	11	火
	坤	땅	8	土
	崑	산이름	11	土

157

발음 (오행)	한자	뜻	획수 원획	자원 오행	발음 (오행)	한자	뜻	획수 원획	자원 오행
곤	琨	옥돌	13	金	과 (木)	科	과목, 과정	9	木
	錕	붉은 쇠	16	金		課	매길	15	金
	滾	흐를	15	水		夥	많을	14	水
공 (木)	功	공로	5	木		窠	보금자리	13	水
	控	당길	12	木	관 (木)	冠	갓, 으뜸	9	木
	栱	두공, 말뚝	10	木		官	벼슬	8	木
	供	이바지할	8	火		寬	너그러울	15	木
	恭	공손할	10	火		管	대롱, 주관할	14	木
	公	공변될, 공평할	4	金		筦	다스릴, 피리	13	木
	共	함께	6	金		輨	줏대	15	火
	珙	큰옥	11	金		款	항목, 정성	12	金
	貢	바칠	10	金		琯	옥피리	13	金
	孔	구멍, 클	4	水		貫	꿸, 이룰	11	金
	果	열매	8	木		館	집, 별관	17	水

158

발음 (오행)	한자	뜻	획수 원획	자원 오행	발음 (오행)	한자	뜻	획수 원획	자원 오행
괄 (木)	括	묶을, 헤아릴	10	木	교 (木)	僑	높을	14	火
	佸	이를, 다다를	8	火		較	견줄, 비교할	13	火
	适	빠를	13	土		晈	밝을, 햇빛, 달빛	10	火
광 (木)	廣	넓을, 널리	15	木		暞	달빛, 밝을, 햇빛	14	火
	桄	광랑나무, 베틀	10	木		嬌	아리따울	15	土
	絖	솜	12	木		郊	들, 교외, 시골	13	土
	広	넓을	5	木		姣	아리따울	9	土
	侊	클	8	火		教	가르칠, 본받을	11	金
	眖	비칠, 밝을	8	火		晈	달 밝을, 햇빛, 달빛	11	金
	炚	빛, 빛날	8	火		喬	높을	12	水
	珖	옥피리, 옥이름	11	金	구 (木)	構	얽을	14	木
	洸	물 솟을	10	水		苟	진실로	11	木
교	校	학교, 바로잡을	10	木		搆	짤, 쌓을	10	木
	橋	다리	16	木		捄	담을	11	木

발음 (오행)	한자	뜻	획수 원획	자원 오행
	扣	두두릴, 당길	7	木
	摳	던질, 추어올릴	15	木
	俅	공손할	9	火
	昫	따뜻할, 현명	9	火
	覯	만날, 합칠	17	火
	俱	함께	10	火
구 (木)	區	구역	11	土
	耉	늙을	11	土
	邱	언덕, 땅이름	12	土
	姤	만날	9	土
	嫗	화친할	13	土
	岣	산꼭대기	8	土
	遘	만날	17	土
	丘	언덕	5	土

발음 (오행)	한자	뜻	획수 원획	자원 오행
	救	구원할	11	金
	玖	옥돌	8	金
	球	공, 옥, 구슬	12	金
	矩	곱자, 법도	10	金
	謳	노래할	18	金
	購	살, 구할	17	金
구 (木)	銶	끌	15	金
	具	갖출, 함께	8	金
	璆	옥	16	金
	釦	금테 두를	11	金
	珣	옥돌	10	金
	九	아홉	9	水
	劬	수고로울, 애쓸	7	水
	漚	담글	15	水

발음 (오행)	한자	뜻	획수 원획	자원 오행	발음 (오행)	한자	뜻	획수 원획	자원 오행
구 (木)	句	글	5	水	궁 (木)	宮	집, 대궐	10	木
	求	구할	6	水		躬	몸	10	水
	究	연구할	7	水		軀	몸, 신체	14	水
	叴	소리높일	5	水	권 (木)	卷	책, 공문서, 정성	8	木
국 (木)	國	나라	11	木		拳	주먹	10	木
	局	판, 사태	7	木		捲	거둘, 말	12	木
	菊	움킬	8	木		眷	돌볼, 돌아볼	11	木
	掬	움킬	12	木		睠	돌볼, 베풀	13	木
군 (木)	捃	주울	11	木		綣	정다울	14	木
	軍	군사	9	火		權	권세	15	木
	群	무리	13	土		惓	삼갈	12	火
	郡	고을	14	土		勸	권할	20	土
굴 (木)	倔	고집 셀	10	火		券	문서, 계약서	8	金
	崛	우뚝 솟을	11	土		港	물돌아 흐를	12	水

161

발음 (오행)	한자	뜻	획수 원획	자원 오행
궐 (木)	蕨	고사리	18	木
	闕	대궐	18	木
	厥	그것	12	土
궤 (木)	机	책상	6	木
	櫃	함, 궤짝	18	木
	繢	수놓을	18	木
	軌	수레바퀴, 법	9	火
	氿	샘	6	水
규 (木)	揆	헤아릴	13	木
	糾	살필, 얽힐	8	木
	閨	안방, 부녀자	14	木
	紀	꼴, 끌어모을	7	木
	規	법	11	火
	頯	머리 들	13	火

발음 (오행)	한자	뜻	획수 원획	자원 오행
규 (木)	煃	불꽃	13	火
	圭	홀, 서옥	6	土
	奎	별, 별이름	9	土
	赳	헌걸찰, 용감할	9	土
	逵	길거리	15	土
	珪	서옥, 홀	11	金
	湀	물 솟아오를	13	水
균 (木)	覲	크게 볼	14	火
	均	고를	7	土
	畇	개간할	9	土
	鈞	서른 근, 고를	12	金
극 (木)	克	이길	7	木
	亟	빠를	9	火
	剋	이길	9	金

발음 (오행)	한자	뜻	획수 원획	자원 오행	발음 (오행)	한자	뜻	획수 원획	자원 오행
극	劇	연극할, 심할	15	金		昑	밝을	8	火
	根	뿌리	10	木	금 (木)	妗	외숙모	7	土
	懃	은근할, 힘쓸	17	火		黅	누른빛	16	土
	覲	뵐	18	火		扱	거둘, 미칠	8	木
	勤	부지런할	13	土		笈	책 상자	10	木
근 (木)	近	가까울	11	土		級	등급	10	木
	嫤	예쁠, 아름다울	14	土	급 (木)	給	줄, 넉넉할	12	木
	劤	힘, 힘이 셀	6	金		急	급할, 중요할	9	火
	瑾	아름다운 옥	16	金		汲	물길을	8	水
	謹	삼갈	18	金		及	미칠	4	水
	厪	물 맑을	15	水		亘	뻗칠, 건널	6	火
글 (木)	契	나라이름, 맺을	9	木	긍 (木)	亙	뻗칠, 연결할	6	火
	㐣	뜻, 힘있는	6	土		矜	자랑할	9	金
금	芩	풀이름	10	木		肯	즐길	10	水

발음 (오행)	한자	뜻	획수 원획	자원 오행	발음 (오행)	한자	뜻	획수 원획	자원 오행
기 (木)	寄	부칠, 부탁할	11	木	기 (木)	基	터, 근본	11	土
	技	재주	8	木		奇	기이할	8	土
	祁	성할	8	木		攲	기울, 높이 솟을	12	土
	祈	빌	9	木		崎	높을	15	土
	祺	길할, 복	13	木		玘	패옥	8	金
	紀	벼리, 실마리	9	木		琦	옥 이름	13	金
	綺	비단, 고울	14	木		琪	아름다운 옥	13	金
	機	밭갈	18	木		璂	옥, 피변 꾸미개	16	金
	企	꾀할, 바랄	6	火		璣	구슬, 별이름	17	金
	伎	재주	6	火		記	기록할	10	金
	起	일어날	10	火		嗜	즐길	13	水
	暟	날씨	14	火		器	그릇, 재능	16	水
	炁	기운, 기백	8	火		期	기약할	12	水
	冀	바랄	16	土		氣	기운, 기질	10	水

발음 (오행)	한자	뜻	획수 원획	자원 오행	발음 (오행)	한자	뜻	획수 원획	자원 오행
길 (木)	拮	일할	10	木	날 (火)	捏	꾸밀, 반죽할	11	木
	佶	바를, 건장할	8	火		捺	누를, 문지를	12	木
	姞	삼갈	9	土	남 (火)	枏	녹나무	8	木
나 (火)	拏	붙잡을	9	木		湳	강이름	13	水
	拿	잡을	10	木	넘 (火)	拈	집을	9	木
	挐	붙잡을	10	木		念	생각할	8	火
	挪	옮길	11	木		恬	편안할	10	火
	娜	아름다울	10	土	녕 (火)	寧	편안할	14	木
	那	어찌	11	土		寍	차라리	13	木
	誽	붙잡을	13	金		嚀	간곡할	17	水
낙	諾	허락할	16	金	노 (火)	努	힘쓸	7	土
난 (火)	暖	따뜻할	13	火		弩	쇠뇌	8	金
	煖	더울	13	火		瑙	옥돌	14	金
	偄	연약할	11	火		詯	기뻐할	14	金

발음 (오행)	한자	뜻	획수 원획	자원 오행	발음 (오행)	한자	뜻	획수 원획	자원 오행
농 (火)	穠	무성할	18	木	다 (火)	茶	차	12	木
	農	농사	13	土		爹	아비	10	木
	濃	짙을	17	水		觰	뿔 밑둥	16	木
누 (火)	耨	김멜	16	金		多	많을, 두텁다	6	水
	呶	젖 먹을	11	水		夛	많을, 뛰어나다	6	水
뉴 (火)	紐	맺을, 묶을	10	木	단 (火)	緞	비단	15	木
	忸	익을, 익숙할	8	火		担	떨칠	9	木
	鈕	단추	12	金		丹	붉을	4	火
니 (火)	柅	무성할	9	木		彖	판단할	9	火
	馜	향기로울	14	木		旦	아침	5	火
	懖	마음좋을	16	火		胆	밝을	9	火
	泥	진흙	9	水		煓	빛날	13	火
닐 (火)	昵	친할	9	火		亶	믿을	13	土
	暱	친할	15	火		壇	제터	16	土

발음 (오행)	한자	뜻	획수 원획	자원 오행	발음 (오행)	한자	뜻	획수 원획	자원 오행
단 (火)	端	단정할	14	金	답 (火)	答	대답할	12	木
	鍛	단련할	17	金		畓	논	9	土
	團	둥글	14	水		踏	밟을	15	土
	湍	여울, 급류	13	水		沓	유창할	8	水
	漙	이슬 많을	15	水	당 (火)	幢	휘장, 기	15	木
달 (火)	達	통달할, 통할	16	土		檔	의자	17	木
	靼	다룸가죽	14	金		瞠	볼	16	木
담 (火)	倓	편안할	10	火		堂	집	11	土
	覃	깊을, 미칠	12	金		塘	못, 방죽	13	土
	談	말씀	15	金		當	마땅할	13	土
	譚	말씀, 클	19	金		瑭	옥이름	15	金
	淡	맑을	12	水		鐺	종소리	19	金
	澹	맑을, 담박할	17	水		唐	당나라	10	水
	啿	넉넉할	12	水		瑒	귀고리 옥	18	水

발음 (오행)	한자	뜻	획수 원획	자원 오행	발음 (오행)	한자	뜻	획수 원획	자원 오행
대 (火)	大	큰	3	木	댁	宅	댁, 집	6	木
	對	대답할	14	木	덕 (火)	德	클, 베풀	15	火
	帶	띠	11	木		悳	클, 베풀	12	火
	袋	자루, 부대	11	木	도 (火)	度	법도	9	木
	代	대신할	5	火		挑	돋을	10	木
	待	기다릴	9	火		搗	찧을, 다듬을	14	木
	昊	햇빛	7	火		棹	노, 배	12	木
	曼	해가 돋을	13	火		睹	볼	14	木
	垈	집터	8	土		掐	꺼낼, 퍼낼	14	木
	岱	산이름, 대산, 클	8	土		檮	등걸	18	木
	臺	돈대, 누각	14	土		裪	복, 행복	13	木
	隊	무리	17	土		闍	망루	17	木
	玳	대모	10	金		夲	나아갈	5	木
	汏	씻을, 일	7	水		酴	향기로울	16	木

168

발음 (오행)	한자	뜻	획수 원획	자원 오행	발음 (오행)	한자	뜻	획수 원획	자원 오행
도 (火)	徒	무리	10	火	도	渡	건널	13	水
	覩	볼	16	火		涂	길, 칠할	11	水
	慆	기뻐할	14	火	독 (火)	牘	서찰, 편지	19	木
	島	섬	10	土		督	살필	13	木
	跳	뛸	13	土		篤	도타울	16	木
	途	길	14	土		讀	읽을	22	金
	道	길, 이치	16	土	돈 (火)	惇	도타울, 정 3 성	12	火
	都	도읍	16	土		旽	밝을	8	火
	陶	질그릇	16	土		暾	아침 해	16	火
	燾	성채	17	土		焞	어스레할, 성할	12	火
	到	이를	8	金		燉	불빛	16	火
	鍍	도금할	17	金		墩	돈대, 집	15	土
	鋾	쇳덩이	16	金		敦	도타울	12	金
	圖	그림	14	水		潡	큰물	16	水

발음 (오행)	한자	뜻	획수 원획	자원 오행	발음 (오행)	한자	뜻	획수 원획	자원 오행
	桐	오동나무	10	木		枓	기둥머리	8	木
	棟	마룻대, 용마루	12	木		荳	콩	13	木
	仝	한가지, 같을	5	火	두 (火)	抖	떨, 구할	8	木
	憧	동경할	16	火		斗	말, 별이름	4	火
	侗	정성, 참될	8	火		肚	배, 복부	9	水
	曈	동틀	16	火		屯	진칠, 모일	4	木
동 (火)	垌	항아리	9	土	둔 (火)	芚	싹 나올	10	木
	峒	산이름	9	土		迍	머뭇거릴	11	土
	勭	자랄, 움직일	14	土	둘	乧	우리나라 한자	5	木
	銅	구리	14	金	득	得	얻을	11	火
	動	움직일	11	水		等	등급, 무리	12	木
	同	한가지, 같을	6	水	등 (火)	燈	등잔, 등불	16	火
	洞	고을	10	水		登	오를	12	火
	朣	달 뜰	16	水		滕	물 솟을	14	水

발음 (오행)	한자	뜻	획수 원획	자원 오행	발음 (오행)	한자	뜻	획수 원획	자원 오행
라 (火)	羅	벌일, 그물	20	木	람 (火)	惏	탐할	12	火
	摞	정돈할	15	木		擥	잡을	18	木
	覶	자세할, 즐겁게 볼	19	火		婪	고울, 예쁠	11	土
	砢	돌 쌓일	10	金		爁	불 번질	18	土
	螺	소라	17	水		璼	옥 이름	19	金
락 (火)	樂	즐길	15	木	랑 (火)	廊	행랑, 복도	13	木
	絡	이을, 얽을	12	木		閬	솟을 대문	15	木
	珞	구슬 목거리	11	金		痕	높을	10	木
	洛	물	10	水		烺	빛 밝을	11	火
란 (火)	欄	난간	21	木		郎	사내	13	土
	丹	정성스러울, 붉을	4	火		琅	옥돌	12	金
	爛	빛날	21	火		瑯	옥이름	15	金
	瓓	옥무늬	22	金		硍	돌 소리	12	金
	瀾	물결	21	水		朗	밝을	11	水

171

발음 (오행)	한자	뜻	획수 원획	자원 오행	발음 (오행)	한자	뜻	획수 원획	자원 오행
래 (火)	萊	쑥, 명아주	14	木	량 (火)	輛	수레	15	火
	来	올, 부를	7	木		量	헤아릴	12	火
	來	올, 돌아올, 부를	8	火		俍	어질	9	火
	徠	올, 위로할	11	火		踉	높이 뛸	14	土
	崍	산이름	11	土		諒	믿을, 살필	15	金
략 (火)	略	대략	11	土		喨	소리 맑을	12	水
	畧	다스릴	11	土	려 (火)	閭	마을, 이문	15	木
량 (火)	倆	재주	10	木		梠	평고대	11	木
	梁	대들보	11	木		侶	짝	9	火
	樑	들보	15	木		勵	힘쓸	17	土
	粮	양식	13	木		旅	나그네, 군사	10	土
	粱	기장	13	木		麗	고울, 빛날	19	土
	糧	양식	18	木		呂	음률, 법칙	7	水
	亮	밝을	9	火		濾	거를	19	水

발음 (오행)	한자	뜻	획수 원획	자원 오행	발음 (오행)	한자	뜻	획수 원획	자원 오행
력 (火)	曆	책력	16	火	련 (火)	漣	잔물결칠	15	水
	力	힘쓸	2	土		涷	익힐, 단련할	13	水
	歷	지날	16	土	렬 (火)	烈	매울, 세찰, 빛날	10	火
	礫	조약돌	20	金		列	벌릴	6	金
련 (火)	練	익힐	15	木		洌	맑을	10	水
	憐	불쌍히, 어여삐 여기다	16	火	렴 (火)	廉	청렴할	13	木
	煉	쇠 불릴, 달굴	13	火		簾	발	19	木
	聯	이을, 잇닿을	17	火		斂	거둘	17	金
	輦	가마, 손수레	15	火		濂	물이름, 엷을	17	水
	連	연할, 이을	14	土	령 (火)	秢	벼 처음 익을	10	木
	孿	아름다울	22	土		令	하여금, 규칙	5	火
	璉	호련	16	金		伶	영리할	7	火
	鍊	단련할	17	金		怜	영리할	9	火
	鏈	쇠사슬	19	金		昤	밝을	9	火

173

발음 (오행)	한자	뜻	획수 원획	자원 오행	발음 (오행)	한자	뜻	획수 원획	자원 오행
	翎	깃, 날개	11	火	례	例	법식	8	火
	聆	들을	11	火		撈	잡을	16	木
	領	거느릴	14	火		櫓	방패	19	木
	輪	사냥 수레	12	火		噓	웃을	19	木
	嶺	고개, 재	17	土		勞	힘쓸, 일할	12	火
	岺	재	8	土		爐	화로	20	火
령 (火)	姈	슬기로운	8	土		輅	수레	13	火
	岭	고개	8	土	로 (火)	路	길	13	土
	玲	옥소리	10	金		壚	흙토	19	土
	鈴	방울	13	金		璐	아름다운 옥	18	金
	哈	속삭일	8	水		瓐	비취옥	21	金
	泠	깨우칠	9	水		潞	강이름	17	水
	齡	소금	16	水		盧	밥그릇	16	水
례	礼	예절	6	木		旅	검을	11	水

발음 (오행)	한자	뜻	획수 원획	자원 오행
록 (火)	祿	녹봉, 복	13	木
	綠	푸를, 초록빛	14	木
	菉	조개풀, 녹두	14	木
	彔	나무새길, 근본	8	火
	轆	도르래	18	火
	鹿	사슴	11	土
	碌	돌모양, 푸른돌	13	金
	錄	기록할	16	金
	淥	밭칠, 거를	12	水
	漉	거를	15	水
론	論	논의할	15	金
롱 (火)	攏	누를	20	木
	曨	어스레할, 먼동이 틀	20	火
	壟	언덕, 밭두덕	19	土

발음 (오행)	한자	뜻	획수 원획	자원 오행
롱	瓏	옥소리, 환할	21	金
	瀧	비올, 적실	20	水
뢰 (火)	耒	쟁기, 가래	6	木
	賂	선물, 뇌물	13	金
	賚	줄, 하사품	15	金
	賴	의지할	16	金
	礌	돌무더기, 바위	18	金
	酹	부을	14	金
료 (火)	寮	동료, 벼슬아치	15	木
	瞭	눈 밝을	17	木
	撩	다스릴	16	木
	僚	벗, 동료	14	火
	料	다스릴, 헤아릴	10	火
	燎	햇불, 밝을	16	火

발음 (오행)	한자	뜻	획수 원획	자원 오행	발음 (오행)	한자	뜻	획수 원획	자원 오행
료 (火)	暸	밝을, 환할	16	火	류 (火)	柳	버들	9	木
	嫽	예쁠	15	土		榴	석류나무	14	木
	療	극복할, 병 고칠	17	水		類	무리	19	火
	嘹	맑은 소리, 울	15	水		旒	깃발	13	土
룡 (火)	龍	용, 임금	16	土		留	머무를	10	土
	竜	용, 임금	10	土		琉	유리	12	金
루 (火)	累	여러, 자주	11	木		瑠	맑은 유리	15	金
	縷	실, 명주	17	木		流	흐를, 펼	11	水
	慺	정성스러울	15	火		溜	물방울	14	水
	熡	불꽃	15	火		瀏	맑을	19	水
	婁	별이름, 끌	11	土	륙 (火)	勠	합할	13	土
	樓	봉우리	14	土		陸	뭍, 육지	16	土
	鏤	새길	19	金	륜 (火)	侖	뭉치, 둥글	8	火
	屢	여러, 자주	14	水		倫	인륜, 차례	10	火

176

발음 (오행)	한자	뜻	획수 원획	자원 오행	발음 (오행)	한자	뜻	획수 원획	자원 오행
륜 (火)	綸	낚시줄, 벼리	14	木	름	凜	찰, 늠름할	15	水
	掄	가릴, 분간할	12	木		凛	찰, 늠름할	15	水
	輪	바퀴	15	火		澟	서늘할, 찰	17	水
	崙	뫼, 산이름	11	土	릉 (火)	楞	모, 네모질	13	木
	圇	완전할, 둥글	11	土		綾	비단	14	木
	崘	산이름	11	土		菱	마름	14	木
	錀	금	16	金		蓤	마름, 모가 날	17	木
률 (火)	栗	밤	10	木	리 (火)	梨	배나무	11	木
	律	법	9	火		裏	속	13	木
	率	비율, 거느릴	11	火		裡	속, 안쪽	13	木
	瑮	옥 무늬	15	金		莅	다다를, 지위	13	木
륭	隆	높을	17	土		摛	펴질, 표현할	15	木
름 (火)	廩	곳집, 쌀광	16	木		俐	똑똑할	9	火
	蒜	쑥	14	木		悧	영리할	11	火

발음 (오행)	한자	뜻	획수 원획	자원 오행	발음 (오행)	한자	뜻	획수 원획	자원 오행
리 (火)	厘	다스릴, 정리할	9	土	린 (火)	燐	도깨비불, 반딧불	16	火
	里	마을	7	土		恪	아낄, 소중히 할	11	火
	釐	다스릴, 정리할	18	土		獜	튼튼할	16	土
	利	이로울	7	金		隣	이웃	20	土
	理	다스릴, 도리	12	金		嶙	가파를, 강직할	15	土
	璃	유리, 구슬이름	16	金		鏻	굳셀	20	金
	吏	벼슬아치, 관리	6	水		璘	옥빛	17	金
	浬	해리	11	水		磷	물 흐르는 모양	17	金
	涖	다다를	11	水		吝	아낄, 소중히 할	7	水
린 (火)	粼	물 맑을	14	木		潾	맑을	16	水
	繗	이을, 실 뽑을	18	木	림 (火)	林	수풀	8	木
	橉	문지방, 나무이름	16	木		琳	무성할	12	木
	撛	붙들, 구원할	16	木		臨	임할, 볼	17	火
	轔	수레소리, 바퀴	19	火		琳	알고자 할	12	火

발음 (오행)	한자	뜻	획수 원획	자원 오행	발음 (오행)	한자	뜻	획수 원획	자원 오행
림	琳	아름다운 옥	13	金		曼	끌	11	土
	碄	깊을	13	金	만	墁	흙손	14	土
립 (火)	笠	삿갓	11	木		蹣	넘을	18	土
	粒	쌀알	11	木		鏋	황금	19	金
	砬	돌소리	10	金	말	抹	바를, 칠할	9	木
마 (水)	摩	연마할, 문지를	15	木	(水)	帕	머리띠	8	木
	瑪	옥돌, 마노	15	金		網	그물	14	木
	碼	저울추, 마노	15	金		芒	가시랭이, 싹	9	木
	磨	갈	16	金	망	邙	산이름	10	土
만 (水)	万	일만	3	木	(水)	望	바랄	11	水
	挽	당길	11	木		漭	넓을	15	水
	萬	일만	15	木		朢	보름	14	水
	蔓	덩굴	17	木	매	每	매양, 늘	7	土
	幔	막	14	木	(水)	玫	붉은 옥	9	金

179

발음 (오행)	한자	뜻	획수 원획	자원 오행
맥 (水)	麥	보리	11	木
	驀	말탈	21	火
	陌	두렁, 밭둑	14	土
	脈	맥, 줄기	12	水
맹 (水)	萌	싹	14	木
	氓	백성	8	火
	盟	맹세할	13	土
	甍	용마루	16	土
	甿	백성	8	土
	孟	맏, 첫	8	水
멱 (水)	幎	덮을	13	木
	覓	찾을	11	火
	羃	덮을, 막	16	土
면	免	면할	7	木

발음 (오행)	한자	뜻	획수 원획	자원 오행
면 (水)	冕	면류관	11	木
	棉	목화, 솜	12	木
	綿	솜	14	木
	緜	햇솜, 이어질	15	木
	面	낯, 얼굴	9	火
	俛	힘쓸, 부지런할	9	火
	勉	힘쓸, 권면할	9	金
	沔	내이름, 물 흐를	8	水
명 (水)	明	밝을	9	木
	茗	차 싹	12	木
	蓂	명협, 약초이름	16	木
	慏	맘 너그러울	14	火
	銘	새길	14	金
	溟	어두울, 바다	14	水

발음 (오행)	한자	뜻	획수 원획	자원 오행	발음 (오행)	한자	뜻	획수 원획	자원 오행
명	名	이름	6	水		牡	수컷	7	土
	洺	강이름	10	水		旄	깃대 장식	10	土
	摸	찾을, 본뜰	15	木		瑁	옥홀, 서옥	14	金
	模	법, 본보기	15	木	모 (水)	矛	창	5	金
	芼	풀 우거질	10	木		謀	꾀, 계책	16	金
	茅	띠	11	木		謨	꾀할	18	金
	橅	법	16	木		皃	모양, 얼굴	7	金
모 (水)	慕	그릴, 생각할	15	火		冒	무릅쓸, 나아갈	9	水
	侔	가지런할, 힘쓸	8	火		木	나무	4	木
	侔	탐할	10	火	목 (水)	睦	화목할, 친할	13	木
	慔	힘쓸	15	火		穆	온화할, 화목할	16	木
	軞	병거, 군용수레	11	火		牧	칠, 기를	8	土
	募	모을, 뽑을	13	土	몽 (水)	夢	꿈, 환사우	14	木
	牟	소 우는소리, 보리	6	土		懞	덮을, 무성할	17	木

발음 (오행)	한자	뜻	획수 원획	자원 오행	발음 (오행)	한자	뜻	획수 원획	자원 오행
	描	그릴	13	木		懋	힘쓸	17	火
	苗	묘, 싹	11	木		儛	춤출	16	火
	昴	별자리 이름	9	火		騖	달릴, 힘쓸	19	火
묘	妙	묘할	7	土		務	힘쓸	11	土
(水)	竗	땅이름	9	金	무	戊	다섯번째 천간	5	土
	錨	닻	17	金	(水)	武	굳셀	8	土
	淼	물 가득할	12	水		畞	밭이랑	10	土
	拇	엄지손가락	9	木		珷	옥돌	13	金
	撫	어루만질	16	木		貿	무역할	12	金
	楙	무성할, 힘쓸	13	木		膴	포, 두터울	18	水
무	舞	춤출	14	木	묵	默	잠잠할	16	水
(水)	茂	무성할, 힘쓸	11	木	(水)	嘿	고요할	15	水
	廡	집, 곁채	15	木	문	門	문	8	木
	憮	어루만질	16	火	(水)	扪	닦을	8	木

발음 (오행)	한자	뜻	획수 원획	자원 오행		발음 (오행)	한자	뜻	획수 원획	자원 오행
문	紋	무늬	10	木		미 (水)	媚	아첨할, 예쁠	12	土
	捫	어루만질	12	木			娓	장황할	10	土
	聞	들을	14	火			媄	아름다울	12	土
	炆	따뜻할	8	火			嫩	착하고 아름다울	13	土
	璊	붉은 옥	16	金			采	더욱, 점점	8	土
	問	물을	11	水			嵄	깊은 산	12	土
	雯	구름무늬	12	水			彌	미륵, 두루	17	金
물	物	만물, 헤아릴	8	土			弥	널리, 두루	8	金
미 (水)	梶	나무 끝, 처마	11	木			敉	어루만질	10	金
	楣	문미, 처마	13	木			瑂	옥돌	14	金
	茉	맛	11	木			味	맛	8	水
	侎	어루만질	8	火			渼	물놀이, 물결무늬	13	水
	煝	빛날, 불꽃	13	火			湄	물가	13	水
	躾	예절 가르칠	16	火			洣	강이름	10	水

발음 (오행)	한자	뜻	획수 원획	자원 오행	발음 (오행)	한자	뜻	획수 원획	자원 오행
민 (水)	閔	위문할	12	木	민 (水)	珉	옥돌	10	金
	緡	낚시줄	14	木		磻	옥돌	14	金
	瞑	볼	9	木		敯	강인할, 굳셀	9	金
	旻	하늘	8	火		瑉	옥돌	13	金
	旼	화할, 화락할	8	火		瑉	옥돌	13	金
	民	백성	5	火		瑉	옥돌, 아름다운 옥	14	金
	忞	힘쓸	8	火		砇	옥돌	9	金
	忟	힘쓸, 노력할	8	火		鈱	돈꿰미, 철판	13	金
	暋	굳셀	13	火		敏	민첩할, 총명할	11	金
	頤	굳셀, 강할	14	火		潣	물 흘러내릴	16	水
	愍	총명할	15	火	밀 (水)	密	빽빽할	11	木
	黽	힘쓸, 노력할	13	土		謐	고요할, 편안할	17	金
	岷	산이름	8	土		蜜	꿀	14	水
	玟	아름다운 돌	9	金		滵	빨리 흐르는 물	15	水

184

발음 (오행)	한자	뜻	획수 원획	자원 오행	발음 (오행)	한자	뜻	획수 원획	자원 오행
	拍	손뼉 칠	9	木		畔	밭두둑	10	木
	朴	후박나무, 순박할	6	木		盼	눈 예쁠	9	木
	樸	통나무, 순박할	16	木		般	돌릴, 일반	10	木
	箔	발, 금박	14	木		扳	끌어당길	8	木
	縛	묶을	16	木		伴	짝	7	火
	舶	큰 배	11	木		頒	나눌	13	火
박 (水)	亳	땅이름	10	土	반 (水)	頓	학교 이름	14	火
	珀	호박	10	金		盤	소반, 바탕	15	金
	璞	옥돌	17	金		磐	너럭바위	15	金
	鎛	종, 호미	18	金		磻	강이름	17	金
	鉑	금박	13	金		攀	명반, 꽃이름	20	金
	博	넓을	12	水		泮	학교	9	水
	泊	배 댈	9	水		飯	밥	13	水
반	槃	소반	14	木	반	胖	편안할, 클	11	水

185

발음 (오행)	한자	뜻	획수 원획	자원 오행	발음 (오행)	한자	뜻	획수 원획	자원 오행
발 (水)	拔	뺄, 뽑을	9	木	방 (水)	芳	꽃다울	10	木
	發	쏠, 일으킬	12	火		撑	배 저을	14	木
	炦	불기운	9	火		舽	배	12	木
	勃	노할	9	土		倣	본뜰	10	火
	鉢	바리때	13	金		傍	곁, 의지할	12	火
	渤	바다 이름	13	水		昉	마침, 밝을	8	火
	潑	물 뿌릴	16	水		仿	헤멜, 본뜰	6	火
	浡	일어날	11	水		坊	동네	7	土
방 (水)	幇	도울	12	木		方	모, 방위	4	土
	幫	도울	17	木		旁	두루	10	土
	房	방	8	木		邦	나라	11	土
	枋	다목	8	木		磅	돌 소리	15	金
	紡	실 뽑을	10	木		訪	찾을	11	金
	舫	배	10	木		厖	클, 두터울	9	水

발음 (오행)	한자	뜻	획수 원획	자원 오행	발음 (오행)	한자	뜻	획수 원획	자원 오행
배 (水)	拜	절, 공경할	9	木	번 (水)	蕃	우거질	18	木
	倍	곱	10	火		藩	가릴, 울타리	21	木
	焙	불에 쬘	12	火		繙	되풀이할	18	木
	陪	모실	16	土		袢	속옷	11	木
	坏	언덕	7	土		燔	구울	16	火
	琲	구슬 꿰미	13	金		番	차례	12	土
	湃	물결칠	13	水		磻	강이름	17	金
백 (水)	帛	비단	8	木	벌 (水)	閥	문벌	14	木
	伯	맏, 첫	7	火		橃	뗏목	16	木
	佰	일백	8	火	범 (水)	帆	돛단배	6	木
	白	흰	5	金		梵	범어, 불경	11	木
	百	일백	6	水		范	법, 풀이름	11	木
번 (水)	樊	울타리	15	木		範	법, 틀	11	木
	繁	번성할	17	木		柉	뗏목	7	木

발음 (오행)	한자	뜻	획수 원획	자원 오행	발음 (오행)	한자	뜻	획수 원획	자원 오행
범 (水)	範	법, 모범	15	木	변 (水)	抃	손뼉칠	8	木
	颿	돛, 달릴	19	木		采	분별할	7	木
	釩	떨칠	11	金		忭	기뻐할	8	火
	凡	무릇	3	水		駢	나란히 할	16	火
	氾	넘칠	6	水		辨	분별할	16	金
	汎	넓을, 뜰	7	水		辯	판별할, 말씀	21	金
	泛	뜰, 넓을	9	水		駢	더할	13	金
법 (水)	琺	법랑, 법당	13	金	별 (水)	馝	짙지 않은 향기	17	木
	法	법	9	水		莂	모종낼	13	木
벽 (水)	闢	열, 물리칠	21	木		勪	클, 힘셀	12	土
	擗	가슴 칠	17	木	병 (水)	柄	자루, 권세	9	木
	壁	바람벽	16	土		秉	잡을, 지킬	8	木
	碧	푸를, 구슬	14	金		并	아우를, 어울릴	6	木
변 (水)	弁	고깔	5	木		抦	잡을	9	木

발음 (오행)	한자	뜻	획수 원획	자원 오행	발음 (오행)	한자	뜻	획수 원획	자원 오행
병 (水)	棅	자루, 근본, 권세	12	木	병 (水)	竝	나란히, 아우를, 모두	10	金
	絣	이을, 섞을	14	木		鈵	굳을	13	金
	丙	남녘, 셋째 천간	5	火		鉼	판금	14	金
	倂	아우를, 나란히 할	10	火		屛	병풍	11	水
	幷	아우를	8	火		餠	떡	17	水
	昞	불꽃, 밝을, 빛날	9	火	보 (水)	菩	보살	14	木
	昺	밝을, 불꽃	9	火		補	도울	13	木
	炳	불꽃, 밝을, 빛날	9	火		葆	풀 더부룩할	15	木
	輧	수레, 거마 소리	15	火		黼	수, 무늬	19	木
	騈	나란히 할	18	火		保	보전할	9	火
	並	나란히	8	火		普	넓을	12	火
	鉼	두레박	14	土		輔	도울	14	火
	瓶	병, 항아리, 시루	13	土		倩	도울	9	火
	兵	군사, 무기	7	金		睗	볼	12	火

발음 (오행)	한자	뜻	획수 원획	자원 오행	발음 (오행)	한자	뜻	획수 원획	자원 오행
보 (水)	堡	작은성, 둑	12	土	복 (水)	茯	복령	12	木
	報	갚을, 알릴	12	土		蔔	무, 치자꽃	17	木
	步	걸음	7	土		馥	향기로울	18	木
	歩	걸음	8	土		復	돌아올, 회복할	12	火
	寶	보배	20	金		輻	바퀴살	16	火
	珤	보배	11	金		墣	흙덩이	15	土
	譜	계보, 족보	19	金		鍑	가마솥	17	金
	珧	보배, 국새	11	金		服	옷, 직책	8	水
	宝	보배	8	金	본	本	근본	5	木
	洑	보,나루	10	水	봉 (水)	奉	받들	8	木
	溥	보	13	水		捧	받들, 어울릴	12	木
	潽	물이름	16	水		丰	예쁠	4	木
	甫	클	7	水		莑	풀 무성할	14	木
복	宓	성, 편안할	8	木		筎	풀이 무성할	9	木

190

발음 (오행)	한자	뜻	획수 원획	자원 오행	발음 (오행)	한자	뜻	획수 원획	자원 오행
봉 (水)	俸	녹봉	10	火	부 (水)	掊	끌어 모을	12	木
	烽	봉화	11	火		枎	마룻대, 뗏목	11	木
	熢	연기자욱할	15	火		祔	합사할	10	木
	峯	봉우리	10	土		裒	나들이옷	11	木
	峰	봉우리	10	土		裒	모을	13	木
	逢	맞이할	14	土		付	줄, 붙일	5	火
	琫	칼집 장식	13	金		傅	스승, 도울	12	火
	夆	이끌	7	水		復	다시, 거듭	12	火
	漨	강이름	11	水		赴	나아갈	9	火
	澧	강이름	15	水		駙	곁마, 빠를	15	火
부 (水)	符	부신, 부호	11	木		府	관청, 마을	8	土
	艀	작은 배	13	木		趺	책상다리할	11	土
	莩	풀이름	13	木		阜	언덕	8	土
	拊	어루만질	9	木		孚	미쁠, 믿을	7	水

191

발음 (오행)	한자	뜻	획수 원획	자원 오행	발음 (오행)	한자	뜻	획수 원획	자원 오행
부 (水)	附	붙일	13	土	분 (水)	賁	밀, 클	12	金
	副	버금	11	金		吩	뿜을	7	水
	扶	도울	8	金		汾	클, 물 흐를	8	水
	敷	펼, 베풀	15	金		湓	용솟음할	13	水
	釜	가마	10	金		濆	뿜을, 솟을	16	水
	玞	옥돌	9	金	불 (水)	髴	비슷할	15	火
	溥	넓을	14	水		岪	산길	8	土
분 (水)	奮	떨칠, 힘쓸	16	木	붕 (水)	棚	시렁, 사다리	12	木
	扮	꿀, 잡을	8	木		繃	묶을	17	木
	芬	향기로울	10	木		硼	붕산, 돌이름	13	金
	昐	햇빛	8	火		朋	벗	8	水
	轒	병거, 전차	19	火	비 (水)	緋	붉은 빛, 비단	14	木
	犇	달아날, 달릴	12	土		裨	도울	14	木
	盆	동이, 화분	9	金		庀	갖출, 다스릴	5	木

발음 (오행)	한자	뜻	획수 원획	자원 오행	발음 (오행)	한자	뜻	획수 원획	자원 오행
비 (水)	庇	덮을	7	木	비 (水)	邳	클	12	土
	扉	문짝	12	木		陴	성가퀴, 도울	16	土
	枇	비파나무	8	木		琵	비파	13	金
	榧	비자나무	14	木		譬	비유할, 깨달을	20	金
	庳	집 낮을	11	木		費	쓸, 비용	12	金
	棐	도지개. 클	11	木		丕	클, 으뜸	5	水
	馡	향기로울	17	木		泌	샘물 흐를	9	水
	備	갖출	12	火		沘	강이름	8	水
	比	견줄	4	火		淝	강이름	12	水
	俾	더할	10	火		渼	강이름	12	水
	騑	곁마	18	火		濞	물소리	18	水
	伾	힘셀	7	火	빈 (水)	斌	빛날	12	木
	妃	왕비	6	土		檳	빈랑나무	18	木
	埤	더할, 낮을	11	土		擯	물리칠	18	木

발음 (오행)	한자	뜻	획수 원획	자원 오행	발음 (오행)	한자	뜻	획수 원획	자원 오행
	馪	향기	19	木		凭	기댈, 의지할	8	木
	彬	빛날, 밝을	11	火		憑	의지할	16	火
	頻	자주	16	火	빙 (水)	聘	부를, 방문할	13	火
	儐	인도할	16	火		騁	달릴	17	火
	份	빛날	6	火		娉	장가들	10	土
	嬪	아내, 궁녀	17	土		事	일, 섬길	8	木
빈 (水)	邠	나라이름	11	土		士	선비, 벼슬	3	木
	玭	구슬 이름	9	金		師	스승	10	木
	鑌	강철	22	金		梭	북	11	木
	璸	구슬 이름	19	金	사 (金)	社	모일, 단체	8	木
	浜	물가	11	水		紗	비단, 깁	10	木
	濱	물가	18	水		莎	향부자, 사초	13	木
	瀕	물가, 가까울	20	水		卸	풀, 부릴	8	木
	霦	옥광채	19	水		楂	뗏목	13	木

발음 (오행)	한자	뜻	획수 원획	자원 오행	발음 (오행)	한자	뜻	획수 원획	자원 오행
사 (金)	榭	정자, 사당	14	木	사 (金)	嗣	이을	13	水
	笥	상자	11	木		渣	찌꺼기, 강이름	13	水
	仕	벼슬할, 살필	5	火		乍	잠깐	8	水
	伺	엿볼, 살필	7	火		汜	지류	7	水
	使	부릴, 사귈	8	火	삭 (金)	索	새끼꼴, 노	10	木
	俟	기다릴, 클	9	火		爍	빛날	19	火
	駟	네필의 말	15	火		數	셀, 자주	15	金
	詞	말씀	12	金	산 (金)	産	낳을	11	木
	謝	사례할, 말씀	17	金		算	셈할	14	木
	賜	줄, 베풀	15	金		傘	온전한 덕, 많을	15	火
	竢	기다릴	12	金		珊	산호	10	金
	史	역사	5	水	삽 (金)	揷	꽂을	13	木
	司	맡을	5	水		鈒	창	12	金
	唆	부추길, 대답할	10	水		歃	마실	13	金

발음 (오행)	한자	뜻	획수 원획	자원 오행	발음 (오행)	한자	뜻	획수 원획	자원 오행
상 (金)	庠	학교	9	木	상 (金)	峠	고개	9	土
	桑	뽕나무	10	木		狀	형상, 모양	8	土
	橡	상수리나무	16	木		塽	높고 밝은 땅	14	土
	牀	평상	8	木		尙	오히려, 숭상할	8	金
	相	서로	9	木		祥	상서로울	11	金
	箱	상자	15	木		賞	상줄	15	金
	像	형상, 모양	14	火		商	장사, 헤아릴	11	水
	償	갚을	17	火		象	코끼리, 형상	12	水
	想	생각할	13	火		漴	세찰	16	水
	爽	시원할, 밝을	11	火	색 (金)	穡	거둘	18	木
	翔	날, 빙빙 돌아 날	12	火		索	찾을	10	木
	晌	정오, 때	10	火	생 (金)	生	날	5	木
	愓	성품 밝을	15	火		省	덜	9	木
	嘗	맛볼, 경험할	13	土	서	序	차례	7	木

발음 (오행)	한자	뜻	획수 원획	자원 오행	발음 (오행)	한자	뜻	획수 원획	자원 오행
서 (金)	庶	여러, 무리	11	木	서 (金)	曙	새벽	18	火
	抒	풀, 펼	8	木		舒	펼	12	火
	書	글, 문장	10	木		恕	용서할	7	火
	栖	살, 깃들일	10	木		惰	지혜로울	13	火
	棲	깃들일, 살	12	木		煦	밝을	12	火
	署	마을, 관청	15	木		墅	농막	14	土
	黍	기장	12	木		諝	슬기로울	16	金
	紓	느슨할, 너그러울	10	木		敍	펼, 차례	11	金
	縃	서로, 함께	15	木		瑞	상서로울	14	金
	穡	가을할, 거두어들일	14	木		誓	맹세할	14	金
	緒	실마리	15	木		鋤	호미	15	金
	偦	재주 있을	11	火		敘	펼, 차례	11	金
	徐	천천히	10	火		叙	베풀, 차례	9	水
	恕	용서할, 어질	10	火		胥	서로, 모두	11	水

발음 (오행)	한자	뜻	획수 원획	자원 오행
석 (金)	席	자리, 베풀	10	木
	秳	섬, 십두	10	木
	蓆	자리, 클	16	木
	晰	밝을	12	火
	奭	클, 성할	15	火
	晳	밝을	12	火
	釋	풀, 설명할	20	火
	鉐	놋쇠	13	金
	碩	클	14	金
	錫	주석, 구리	16	金
	淅	쌀 일	12	水
선	先	먼저	6	木
	珗	옥돌	11	木
	旋	돌, 회전할	11	木

발음 (오행)	한자	뜻	획수 원획	자원 오행
선 (金)	禪	선, 좌선	17	木
	線	줄, 선	15	木
	繕	기울	18	木
	船	배, 선박	11	木
	綫	줄, 실	14	木
	嫙	아름다울	16	木
	敾	고을, 다스릴	16	火
	僊	춤출, 신선	13	火
	宣	베풀	9	火
	煽	부채질할, 성할	14	火
	愃	잊을	13	火
	墡	백토, 좋은 흙	15	土
	羨	부러워할	13	土
	嫸	예쁠	14	土

발음 (오행)	한자	뜻	획수 원획	자원 오행
선 (金)	嬋	고울	15	土
	選	가릴선	19	土
	譔	가르칠	19	金
	敾	기울, 고칠	16	金
	琁	옥 붉은 옥	12	金
	瑄	도리옥	14	金
	璇	옥돌, 아름다운 옥	16	金
	璿	구슬, 옥	19	金
	詵	많을	13	金
	銑	무쇠	14	金
	鐥	복자, 좋은쇠	20	金
	善	착할	12	水
	渲	바림, 작은 흐름	13	水
	腺	샘	15	水

발음 (오행)	한자	뜻	획수 원획	자원 오행
선	膳	선물, 반찬	18	水
	鮮	고울, 아름다울	17	水
	尟	적을	13	水
	詵	깨끗할	10	水
설 (金)	楔	문설주	13	木
	薛	맑은 대쑥	19	木
	揲	셀	13	木
	蔎	향초, 향내날	17	木
	偰	맑을	11	火
	卨	높을, 사람이름	12	火
	高	높을, 사람이름	11	土
	設	베풀, 세울	11	金
	說	말씀, 설명할	14	金
섬	摻	가늘	15	木

발음 (오행)	한자	뜻	획수 원획	자원 오행	발음 (오행)	한자	뜻	획수 원획	자원 오행
섬 (金)	暹	해 돋을	16	火	성 (金)	晟	밝을	11	火
	陝	고을이름	15	土		盛	성할	12	火
	剡	날카로울	10	金		聖	성인, 뛰어날	13	火
	贍	넉넉할	20	金		聲	소리	17	火
섭 (金)	葉	땅 이름, 성씨	15	木		睲	밝을, 빛날	11	火
	欆	삿자리	21	木		城	재, 도읍	10	土
	燮	불꽃	17	火		娍	아름다울	10	土
	涉	건널	11	水		珹	옥이름	12	金
성 (金)	宬	서고	10	木		誠	정성	14	金
	省	살필	9	木		瑆	옥빛	14	金
	筬	바디, 베틀	13	木	세 (金)	世	인간, 세대	5	火
	性	성품	9	火		洗	씻을	10	水
	惺	깨달을, 영리할	13	火		洒	씻을	10	水
	成	이룰	7	火		涗	잿물	11	水

200

발음 (오행)	한자	뜻	획수 원획	자원 오행	발음 (오행)	한자	뜻	획수 원획	자원 오행
세 (金)	歲	해, 세월, 나이	13	土	소 (金)	召	부를	5	水
	勢	형세, 기세	13	金		少	적을, 많지않을, 젊을	4	水
	說	달랠	14	金		溯	거슬러 올라갈	14	水
소 (金)	素	본디, 바탕, 흴	10	木		疏	소통할, 트일	11	水
	紹	이을	11	木		泝	거슬러 올라갈	9	水
	招	흔들릴	9	木		咲	웃음	9	水
	炤	밝을	9	火	속 (金)	束	묶을	7	木
	佋	소목, 도울	7	火		續	이을,소개할	21	木
	卲	높을, 뛰어날	7	火		俗	풍속	9	火
	愫	향할, 분수 지킬	12	火		速	빠를	14	土
	愫	정성스러울	14	火		遬	빠를, 변할	18	土
	疎	트일, 성길	12	土		謖	일어날	17	金
	㙍	쓸	11	土	손 (金)	巽	부드러울, 사랑할	12	木
	韶	풍류이름, 아름다울	14	金		蓀	향풀이름	16	木

발음 (오행)	한자	뜻	획수 원획	자원 오행	발음 (오행)	한자	뜻	획수 원획	자원 오행
손 (金)	遜	겸손할	17	土	쇄 쇠	刷	솔질할, 인쇄할	8	金
	孫	손자	10	水		釗	힘쓸	10	金
	湌	먹을	11	水	수 (金)	守	지킬, 기다릴	6	木
	飧	저녁밥, 먹을	12	水		手	손	4	木
솔 (金)	達	거느릴	18	木		授	줄	12	木
	帥	거느릴, 앞장설	9	木		秀	빼어날	7	木
	率	거느릴, 따를	11	火		穗	이삭	17	木
	窣	갑자기 나올	13	水		粹	순수할, 아름다울	14	木
송 (金)	宋	송나라	7	木		綏	편안할	13	木
	頌	칭송할, 기릴	13	火		綬	끈, 이을	14	木
	憽	똑똑할	17	火		茱	수유나무	12	木
	誦	욀	14	金		睟	바로 볼	13	木
	竦	공경할	12	金		修	닦을	10	火
쇄	曬	볕에 쬘	23	火		燧	부싯돌, 햇불	17	火

발음 (오행)	한자	뜻	획수 원획	자원 오행	발음 (오행)	한자	뜻	획수 원획	자원 오행
수 (金)	輸	보낼, 실어 낼	16	火	수 (金)	賥	재물, 재화	15	金
	須	모름지기, 반드시	12	火		受	받을, 이루다	8	水
	晬	돌, 일주년	12	火		首	머리, 으뜸	9	水
	垂	드리울	8	土		售	팔, 살, 실현할	11	水
	峀	산굴, 산봉우리	8	土		泅	헤엄 칠	9	水
	岫	산굴, 산꼭대기	8	土		膵	윤택할	14	水
	隨	따를	21	土		汓	헤엄칠	7	水
	寿	목숨	7	土		需	쓰일, 구할, 기다릴	14	수
	戍	지킬, 수자리	6	金	숙 (金)	菽	콩	14	木
	收	거둘	6	金		肅	엄숙할	13	火
	數	셈, 셀, 헤아리다	15	金		熟	익을	15	火
	琇	옥돌	12	金		塾	글방, 사랑방	14	土
	璲	패옥, 노리개	18	金		琡	옥이름, 구슬	13	金
	竪	세울, 서다	13	金		叔	아저씨	8	水

203

발음 (오행)	한자	뜻	획수 원획	자원 오행	발음 (오행)	한자	뜻	획수 원획	자원 오행
순 (金)	盾	방패	9	木	술 (金)	紕	끈, 줄	11	木
	筍	죽순	21	木		術	재주	11	火
	純	순수할	10	木		述	지을	12	土
	舜	순임금	12	木	숭 (金)	崇	높을	11	土
	荀	풀이름	12	木		崧	우뚝솟을	11	土
	馴	길들일, 따를	13	火		嵩	높을	13	土
	徇	주창할	9	火	쉬	倅	버금	10	火
	旬	열흘, 열번	6	火	슬 (金)	瑟	거문고, 비파	14	金
	恂	정성	10	火		瑝	푸른구슬	16	金
	諄	타이를, 도울	15	金		璱	푸른구슬, 푸른진주	18	金
	錞	악기이름	16	金	습 (金)	拾	주울	10	木
	珣	옥이름	11	金		榴	쐐기	15	木
	巡	돌, 순행할	7	水		習	익힐	11	火
	淳	순박할	12	水	승	升	되, 오를, 나아갈	4	木

204

발음 (오행)	한자	뜻	획수 원획	자원 오행	발음 (오행)	한자	뜻	획수 원획	자원 오행
승 (金)	丞	정승, 도울	6	木	시 (金)	偲	굳셀	11	火
	承	이을	8	木		翄	날개, 마칠	14	火
	乘	탈, 오를	10	火		始	처음, 비로소	8	土
	昇	오를	8	火		施	베풀	9	土
	陞	오를, 승진할	15	土		試	시험할, 쓸	13	金
	塍	밭두둑	13	土		諟	이, 바를	16	金
	丞	정승, 도울	8	土		翅	날개	10	水
	阩	오를	12	土	식 (金)	拭	닦을	10	木
	階	오를	16	土		植	심을	12	木
	丞	이을, 받들	5	水		軾	수레 앞턱	13	火
시 (金)	蓍	톱풀, 시초, 서죽	16	木		埴	찰흙	11	土
	眂	볼, 맡을	9	木		式	법, 제도	6	金
	侍	모실	8	火		識	알, 식견	19	金
	恃	믿을, 어머니	10	火		湜	물맑을	13	水

205

발음 (오행)	한자	뜻	획수 원획	자원 오행	발음 (오행)	한자	뜻	획수 원획	자원 오행
식	殖	번성할	12	水		諶	진실, 믿을	16	金
신 (金)	宸	집, 대궐	10	木	심 (金)	沁	스며들, 물 적실	8	水
	紳	큰 띠, 벼슬아치	11	木		深	깊을	12	水
	伸	펼, 늘일	7	火		瀋	즙 낼	19	水
	愼	삼갈, 따를	14	火	십 (金)	拾	열	10	木
	晨	새벽, 샛별	11	火		什	열 사람	4	火
	迅	빠를	10	土	쌍 (金)	双	쌍, 두	4	木
	訊	물을, 다스릴	10	金		雙	쌍, 둘, 견줄	18	水
	璟	옥돌	19	金	아 (土)	莪	쑥	13	木
실 (金)	実	열매	8	木		筽	대순, 죽순	10	木
	悉	모두, 다할	11	火		亞	버금	8	火
심 (金)	審	살필	15	木		衙	마을, 관청	13	火
	甚	심할, 더욱	9	土		雅	맑을, 바를	12	火
	尋	찾을	12	金		亜	버금	7	火

발음 (오행)	한자	뜻	획수 원획	자원 오행
아 (土)	娥	예쁠, 아름다울	10	土
	峨	높을	10	土
	阿	언덕, 아름다울	13	土
	娿	아리따울	11	土
	婀	아리따울	11	土
	峩	높을	10	土
	迓	마중할	11	土
	妸	아름다울	8	土
	我	나	7	金
	砑	갈, 광택 낼	9	金
	硪	바위	12	金
	啊	사랑할	11	水
악	幄	휘장, 천막	12	木
	樂	풍류, 노래	15	木

발음 (오행)	한자	뜻	획수 원획	자원 오행
악 (土)	堊	백토	11	土
	岳	큰산	8	土
	嶽	큰 산	17	土
	諤	직언할	16	金
	渥	두터울	13	水
안 (土)	按	누를	10	木
	案	생각할, 책상	10	木
	桉	안석, 책상	10	木
	晏	늦을, 편안할	10	火
	侒	편안할, 잔치할	8	火
	婩	종용할	9	土
	岸	언덕, 높은 지위	8	土
알 (土)	斡	관리할, 돌볼	14	火
	謁	아뢸	16	金

207

발음 (오행)	한자	뜻	획수 원획	자원 오행	발음 (오행)	한자	뜻	획수 원획	자원 오행
암 (土)	馣	향기로울	17	木	애	賹	넉넉할	15	金
	岩	바위	8	土		唉	물을, 대답할	10	水
	嵒	바위	12	土		漄	물가	12	水
	諳	외울	16	金	야 (土)	若	반야, 같을	11	木
앙 (土)	秧	모, 재배할	10	木		惹	이끌	13	火
	仰	우러를	6	火		倻	땅이름	11	土
	昂	높이 오를, 밝을	9	火		埜	들	11	土
	昻	밝을, 높을	8	火		冶	풀무, 단련할	7	水
	央	가운데, 넓을	5	土	약 (土)	約	맺을, 약속할	9	木
	盎	동이, 넘칠	10	金		若	같을	11	木
	泱	깊을, 넓을	9	水		藥	약	21	木
애 (土)	厓	언덕	8	木		躍	뛸	21	土
	焕	빛날	11	火	양 (土)	揚	날릴	13	木
	磑	맷돌	15	金		楊	버들	13	木

208

발음 (오행)	한자	뜻	획수 원획	자원 오행
양 (土)	樣	모양	15	木
	襄	도울	17	木
	暘	해돋이	13	火
	煬	쬘	13	火
	壤	고운 흙, 풍족할	20	土
	陽	볕, 양기	17	土
	敭	오를, 밝을	13	金
	洋	큰 바다	10	水
어 (土)	禦	막을	16	木
	御	거느릴, 모실	11	火
	語	말씀	14	金
억 (土)	億	억, 헤아릴	15	火
	憶	생각할, 기억할	17	火
	臆	가슴, 생각	19	水

발음 (오행)	한자	뜻	획수 원획	자원 오행
언 (土)	彦	선비, 뛰어날, 클	9	火
	堰	둑, 방죽	12	土
	嫣	아름다울	14	土
	言	말씀	7	金
얼 (土)	臬	말뚝	10	木
	嵲	땅이름	9	土
엄 (土)	俺	나, 클	10	火
	崦	산이름	11	土
	嚴	엄할	20	水
	淹	담글	12	水
업 (土)	業	업무, 일	13	木
	嶪	높고 험할	16	土
	㠍	높고 험할	16	土
	鄴	땅이름	20	土

발음 (오행)	한자	뜻	획수 원획	자원 오행	발음 (오행)	한자	뜻	획수 원획	자원 오행
여 (土)	妤	여관, 아름다울	7	土		衍	넓을, 넘칠	9	火
	璵	옥	19	金		軟	연할, 부드러울	11	火
	餘	남을, 넉넉할	16	水		姸	고울, 총명할	9	土
역 (土)	繹	끌어낼, 풀	19	木		娟	예쁠, 고울	10	土
	懌	기뻐할	17	火		延	늘일, 인도할	7	土
	睗	볕, 날	12	火		嬿	아름다울, 자태	15	土
	嶧	산이름	16	土	연 (土)	兗	바를, 단정할	8	土
	譯	통변할, 번역	20	金		姸	고울, 예쁠	7	土
연 (土)	宴	잔치, 편안할	10	木		姯	빛날, 예쁠	10	土
	椽	서까래	13	木		硯	벼루	12	金
	筵	대자리	13	木		瑌	옥돌	14	金
	緣	인연	15	木		沿	물 따라갈	9	水
	縯	길, 당길	17	木		淵	못, 깊을	13	水
	燕	제비	16	火		演	펼, 멀리 흐를	15	水

발음 (오행)	한자	뜻	획수 원획	자원 오행	발음 (오행)	한자	뜻	획수 원획	자원 오행
열 (土)	悅	기쁠	11	火	엽 (土)	曄	빛날	16	火
	熱	더울	15	火		熀	불빛 이글거릴	14	火
	說	기뻐할	14	金		爗	빛날	20	火
	閱	검열할	15	金		燁	빛날	16	火
	澻	물 흐를	16	水	영 (土)	穎	이삭	16	木
염 (土)	染	물들	9	木		英	꽃부리, 뛰어날	11	木
	閻	이문, 마을	16	木		映	비칠	9	火
	念	생각할	8	火		營	경영할	17	火
	焰	불 당길, 불꽃	12	火		瑛	옥빛, 수정	14	金
	艶	고울, 탐스러울	19	土		瑩	밝을, 옥돌	15	金
	琰	비취, 옥	13	金		鍈	방울 소리	17	金
엽 (土)	葉	잎, 잎새	15	木		永	길, 오랠	5	水
	曅	빛날,	16	火		泳	헤엄칠	9	水
	燁	빛날	16	火		盈	찰, 가득할	9	水

발음 (오행)	한자	뜻	획수 원획	자원 오행		발음 (오행)	한자	뜻	획수 원획	자원 오행
예 (土)	叡	밝을, 오를	16	火		오 (土)	梧	오동나무, 책상	11	木
	睿	슬기, 총명할	14	火			俉	맞이할	9	火
	預	미리, 맡길	13	火			悟	깨달을, 슬기로울	11	火
	嫛	간난아이, 유순할	14	土			旿	밝을, 한낮	8	火
	藝	재주	15	土			晤	밝을, 총명할	11	火
	埶	심을	11	土			塢	둑, 성채	13	土
	嚱	밝을, 어질	19	土			墺	물가, 육지	16	土
	詣	이르다, 나아가다	13	金			圬	흙손, 칠할	6	土
	譽	기릴, 명예	21	金			澳	깊을	17	水
	玴	옥돌	10	金			唔	글 읽는 소리	10	水
	豫	미리, 기뻐할	16	水			窹	부엌	16	水
	睿	밝을, 총명할	12	水		옥 (土)	屋	집	9	木
오	奧	깊을, 속	13	木			鈺	보배, 보물	13	金
	寤	잠깰, 깨달을	14	木			沃	기름질, 물 댈	8	水

212

발음 (오행)	한자	뜻	획수 원획	자원 오행	발음 (오행)	한자	뜻	획수 원획	자원 오행
온 (土)	穩	편안할	19	木	옹 (土)	雍	화락할, 화할	13	火
	縕	헌솜	16	木		甕	항아리, 독	18	土
	蘊	붕어마름, 쌓일	19	木		邕	막힐, 화락할	10	土
	榲	기둥	14	木		禺	땅이름	9	土
	馧	향기로울	19	木		滃	구름일, 용솟음칠	14	水
	昷	어질	9	火	와 (土)	瓦	기와	5	土
	熅	숯불	14	火		臥	누울, 엎드릴	8	土
	轀	수레	17	火		婐	날씬할, 정숙할	11	土
	瑥	사람이름	15	金		渦	소용돌이, 물 솟을	13	水
	醞	술 빚을	17	金	완 (土)	梡	도마	11	木
	溫	따뜻할	14	水		緩	느릴, 느슨할	15	木
	氳	기운어릴	14	水		頑	완고할	13	火
올	膃	살찔	16	水		岏	가파를	7	土
옹	擁	안을	17	木		婠	몸이 예쁠, 품성 좋을	11	土

발음 (오행)	한자	뜻	획수 원획	자원 오행
완 (土)	婉	예쁠, 아름다울	11	土
	宛	굽을, 완연할	8	土
	妧	고울, 좋을	7	土
	阮	나라이름	12	土
	琓	서옥, 옥이름	12	金
	琬	아름다울 옥	13	金
	涴	물 굽이쳐 흐를	12	水
왕 (土)	往	갈	8	火
	旺	왕성할	8	火
	迬	갈	12	土
	汪	깊고 넓을	8	水
	瀇	물 깊을	19	水
왜 (土)	娃	예쁠, 미인	9	土
	媧	여신	12	土

발음 (오행)	한자	뜻	획수 원획	자원 오행
외 (土)	偎	가까이할	11	火
	嵬	산 높을	13	土
	崴	산 높을	12	土
	隗	험할, 높을	18	土
요 (土)	樂	즐거울	15	木
	曜	빛날, 요일	18	火
	燿	빛날	18	火
	耀	빛날, 요일	20	火
	晫	밝을, 햇빛	14	火
	堯	요임금, 높을	12	土
	姚	예쁠, 아름다울	9	土
	嬈	예쁠, 아리따울	15	土
	遶	두를, 에워쌀	19	土
	要	중요할	9	金

214

발음 (오행)	한자	뜻	획수 원획	자원 오행
요 (土)	瑤	아름다운 옥	15	金
	謠	노래	17	金
	饒	넉넉할, 배부를	21	水
욕	縟	꾸밀, 채색	16	木
용 (土)	容	얼굴	10	木
	庸	떳떳할, 쓸	11	木
	茸	풀 날, 우거질	12	木
	蓉	연꽃	16	木
	榕	나무 이름	15	木
	熔	쇠 녹일	14	火
	聳	솟을	17	火
	埇	길 돋울	10	土
	墉	담	14	土
	踊	뛸	14	土

발음 (오행)	한자	뜻	획수 원획	자원 오행
용 (土)	嶸	봉우리, 산이름	13	土
	瑢	옥소리, 패옥	15	金
	鎔	쇠 녹일	18	金
	鏞	쇠 북, 큰 종	19	金
	涌	물 솟을	11	水
	用	쓸	5	水
	甬	길, 물 솟을	7	水
우 (土)	宇	집, 세계, 하늘	6	木
	寓	부칠, 맡길	12	木
	禑	복	14	木
	盱	쳐다볼	8	木
	佑	도울	7	火
	旴	클, 해돋을	7	火
	羽	깃, 날개	6	火

발음 (오행)	한자	뜻	획수 원획	자원 오행
우 (土)	偶	짝	11	火
	優	넉넉할, 뛰어날	17	火
	禹	성씨 우, 펼	9	土
	郵	우편	15	土
	祐	도울, 복	10	金
	釪	창고달, 악기이름	11	金
	瑀	패옥, 옥돌	14	金
	玗	옥돌	8	金
	友	벗	4	水
	右	오른쪽, 도울	5	水
	雩	기우제	11	水
	羽	물소리, 깃	14	水
욱	栯	산앵두	10	木
	稢	서직, 우거질	15	木

발음 (오행)	한자	뜻	획수 원획	자원 오행
욱 (土)	稶	서직 무성할	13	木
	彧	문채 빛날	10	火
	旭	아침해, 빛날, 밝을	6	火
	昱	햇빛 밝을, 빛날	9	火
	煜	빛날	13	火
	燠	따뜻할, 선명할	17	火
	勖	힘쓸, 노력	11	土
	郁	성할	13	土
	頊	삼갈	13	金
운 (土)	橒	나무 무늬	16	木
	芸	평지, 향기	10	木
	夽	높을	7	木
	蕓	평지, 향기	18	木
	惲	혼후할, 도타울	13	火

216

발음 (오행)	한자	뜻	획수 원획	자원 오행	발음 (오행)	한자	뜻	획수 원획	자원 오행
운 (土)	焵	노란모양	14	火	원 (土)	轅	수레, 끌채	17	火
	運	옮길, 운전할	16	土		願	원할	19	火
	韵	운취, 정취	13	金		垣	담, 관아	9	土
	贇	넉넉할, 많을	16	金		媛	여자, 예쁠	12	土
	澐	큰 물결	16	水		嫄	사람 이름	13	土
울 (土)	蔚	우거질, 고을이름	17	木		院	집, 담, 관아	12	土
	亐	땅이름	4	木		瑗	구슬, 옥	14	金
	菀	무성할	14	木		員	수효, 둥글	9	金
웅 (土)	熊	곰, 빛날	14	火		鋺	저울판	16	金
	雄	수컷, 굳셀	12	火		諢	천천히 말할	17	金
원 (土)	援	도울	13	木		園	동산	13	水
	苑	동산	11	木		洹	물 이름	10	水
	薗	동산, 뜰	19	木		湲	흐를	13	水
	愿	원할, 성실할	14	火		源	근원	14	水

발음 (오행)	한자	뜻	획수 원획	자원 오행	발음 (오행)	한자	뜻	획수 원획	자원 오행
원	員	인원, 관원	10	水		謂	이를, 고할	16	金
	圓	둥글	13	水		瑋	옥이름	14	金
월	越	넘을, 떨칠	12	火	위 (土)	韙	옳을, 바를	18	金
	幃	휘장, 향낭	12	木		韡	활짝필, 성할	21	金
	緯	씨줄, 경위	15	木		圍	둘레	12	水
	闈	문, 대궐	17	木		渭	강이름	13	水
	位	자리, 벼슬	7	火		柳	버들	9	木
	偉	위대할, 클	11	火		由	말미암을	5	木
위 (土)	暐	햇빛, 빛날	13	火		帷	휘장, 덮다	11	木
	衞	지킬	16	火	유 (土)	兪	대답할, 그럴	9	木
	慰	위로할	15	火		庾	곳집, 노적가리	12	木
	魏	위나라, 높을	18	火		柔	부드러울	9	木
	威	위엄	9	土		楡	느릅나무	13	木
	尉	벼슬이름	11	土		維	벼리, 이을	14	木

218

발음 (오행)	한자	뜻	획수 원획	자원 오행	발음 (오행)	한자	뜻	획수 원획	자원 오행
	裕	넉넉할	13	木		媄	아리따울	11	土
	揉	주무를	13	木		瑜	아름다운 옥	14	金
	褕	고울	15	木		諭	깨우칠, 타이를	16	金
	儒	선비	16	火		鍮	놋쇠	17	金
	愈	나을, 뛰어날	13	火	유 (土)	有	있을	6	水
	侑	도울, 권할	8	火		喩	깨우칠	12	水
유 (土)	幼	어릴	5	火		唯	오직, 대답	11	水
	惟	생각할	12	火		諭	깨우칠	12	水
	愉	즐거울, 기쁠	13	火		濡	적실, 베풀	18	水
	曘	햇빛	18	火		癒	병 나을	14	水
	囿	동산	9	土		儥	팔	17	火
	猷	꾀, 법칙	13	土	육 (土)	堉	기름진 땅	11	土
	俞	대답할, 그럴	9	土		毓	기를	14	土
	婑	짝	9	土		育	기를	10	水

219

발음 (오행)	한자	뜻	획수 원획	자원 오행
윤 (土)	橍	나무이름	16	木
	茒	연뿌리, 대순	13	木
	昀	햇빛	8	火
	胤	자손	11	火
	允	맏, 진실	4	土
	阮	높을	12	土
	玧	귀막이 구슬	9	金
	贇	예쁠	19	金
	銃	병기, 창	12	金
	鋆	금, 쇠	15	金
	奫	물 깊고 넓을	15	水
	尹	다스릴, 믿을	4	水
	潤	윤택할	16	水
	胤	이을, 맏아들, 자손	11	水

발음 (오행)	한자	뜻	획수 원획	자원 오행
율 (土)	颶	큰 바람	13	木
	聿	붓, 스스로	6	火
	燏	빛날	16	火
	獝	빨리 날	16	火
	建	걸어가는 모양	13	土
	潏	샘솟을, 사주	16	水
융 (土)	瀜	물 깊을	20	水
	融	화할, 녹을	16	水
은 (土)	檼	마룻대	18	木
	蒑	풀빛 푸른	16	木
	蒽	풀이름	16	木
	恩	은혜	10	火
	垠	가장자리, 경계, 땅끝	9	土
	珢	옥돌	11	金

발음 (오행)	한자	뜻	획수 원획	자원 오행
은 (土)	殷	성할, 은나라	10	金
	誾	온화할, 향기	15	金
	听	웃을	7	水
	溵	물가	10	水
	圁	물이름	10	水
을 (土)	乙	새, 둘째 천간	1	木
	圪	흙더미 우뚝할	6	土
음 (土)	愔	조용할,고요할	13	火
	崟	험준할, 높을	11	土
	音	소리	9	金
	馨	화할	20	金
	吟	읊을	7	水
읍 (土)	揖	읍할, 사양할	13	木
	邑	고을	7	土

발음 (오행)	한자	뜻	획수 원획	자원 오행
읍	浥	젖을	11	水
응	應	응할	17	火
의 (土)	宜	마땅할, 옳을	8	木
	衣	옷	6	木
	依	의지할	8	火
	儀	거동, 예의	15	火
	意	뜻, 생각	13	火
	懿	아름다울, 클	22	火
	猗	아름다울	12	土
	娸	여자의 자	9	土
	毅	굳셀	15	金
	誼	옳을	15	金
	議	의논할	20	金
	醫	의원	18	金

발음 (오행)	한자	뜻	획수 원획	자원 오행	발음 (오행)	한자	뜻	획수 원획	자원 오행
	苡	질경이, 율무	11	木		翌	다음날, 도울	11	火
	廙	공경할	14	木	익 (土)	熤	빛날, 사람이름	15	火
	彝	떳떳할	16	火		謚	웃을	17	金
	怡	기쁠	9	火		絪	기운, 요, 깔개	12	木
	易	쉬울	8	火		夤	조심할, 공경할	14	木
	爾	너, 같이	14	火		人	사람	2	火
이 (土)	肄	익힐	13	火		引	끌, 당길	4	火
	嬰	기쁠	12	土	인 (土)	仞	길, 잴, 높을	5	火
	熙	아름다울, 성장할	9	土		忈	어질, 사랑	6	火
	珥	귀고리	11	金		忎	어질, 사랑	7	火
	貽	끼칠, 남길	12	金		認	알, 인정할	14	金
	珆	옥돌	10	金		璌	사람이름	16	金
	隶	미칠	8	水		因	인할, 의지할	6	水
익	翊	도울	11	火		濥	물줄기	18	水

발음 (오행)	한자	뜻	획수 원획	자원 오행	발음 (오행)	한자	뜻	획수 원획	자원 오행
일 (土)	佚	편안할	7	火	임	誑	생각할	11	金
	佾	춤, 춤출	8	火		諗	믿을, 생각할	13	金
	馹	역마	14	火		餁	익힐	13	水
	軼	지나칠, 뛰어날	12	火	입	入	들깨, 부드러울	2	木
	逸	편안할	15	土	잉 (土)	仍	인할, 거듭할	4	火
	劮	기쁠	7	土		剩	남을, 넉넉할	12	金
	鎰	중량	18	金	자 (金)	玆	검을	12	木
	溢	넘칠, 가득할	14	水		紫	자주빛, 붉을	11	木
임 (土)	稔	풍년들, 곡식 익을	13	木		自	스스로	6	木
	荏	들깨, 부드러울	12	木		蔗	사탕수수, 맛좋을	17	木
	絍	짤, 길쌈	12	木		仔	자세할, 견딜	5	火
	衽	옷깃	10	木		慈	사랑, 동정	14	火
	任	맡길	6	火		兹	검을, 흐릴	10	火
	恁	생각할	10	火		雌	암컷	13	火

발음 (오행)	한자	뜻	획수 원획	자원 오행	발음 (오행)	한자	뜻	획수 원획	자원 오행
	赭	붉은 흙	16	火		灼	불사를, 밝을	7	火
	姿	맵시, 모양	9	土		焯	밝을	12	火
	孅	너그럽고 순할	17	土	작	岝	산 높을	8	土
	磁	자석	14	金	(金)	爵	벼슬, 작위	18	金
	資	재물, 바탕	13	金		碏	삼갈	13	金
자	諮	물을, 자문할	16	金		汋	샘솟을, 퍼낼	7	水
(金)	貲	재물, 자본	12	金	잔	棧	사다리, 잔도	12	木
	字	글자	6	水	(金)	潺	물 흐르는 소리	16	水
	孜	힘쓸, 부지런할	7	水	잠	岑	산봉우리, 높을	7	土
	滋	붙을, 번식	13	水	잡	卡	지킬	5	金
	孶	부지런할	13	水	(金)	磼	높을	17	金
	泚	강이름	9	水		丈	어른, 지팡이	3	木
작	綽	너그러울, 여유있을	14	木	장	長	긴, 길, 맏이	8	木
	作	지을, 일할	7	火	(金)	壯	장할, 씩씩할	7	木

발음 (오행)	한자	뜻	획수 원획	자원 오행	발음 (오행)	한자	뜻	획수 원획	자원 오행
장 (金)	奬	장려할, 권면할	14	木	장 (金)	鄣	막을, 나라이름	18	土
	帳	휘장, 장부	11	木		張	베풀, 향할	11	金
	粧	단장할	12	木		璋	구슬, 반쪽, 홀	16	金
	蔣	줄, 나라이름	17	木		章	글, 문장	11	金
	薔	장미	19	木		鏘	금옥, 소리	19	金
	裝	클, 든든할	10	木		漳	강이름	15	水
	糚	꾸밀, 단장할	17	木	재 (金)	再	두번, 다시	6	木
	暲	밝을, 해 돋을	15	火		才	재주	4	木
	匠	장인, 기술자	6	土		材	재목, 재능	7	木
	墻	담장	16	土		栽	심을	10	木
	將	장수	11	土		梓	가래나무, 책판	11	木
	狀	모양, 형상	8	土		裁	마를, 분별	12	木
	妝	꾸밀, 단장할	7	土		扗	있을	7	木
	嶂	산봉우리	14	土		榟	가래나무	14	木

225

발음 (오행)	한자	뜻	획수 원획	자원 오행	발음 (오행)	한자	뜻	획수 원획	자원 오행
	宰	재상, 주관할, 으뜸	10	木	쟁	琤	옥소리	13	金
	縡	일할, 실을	16	木	(金)	鎗	종소리, 술그릇	18	金
	纔	재주, 재능	23	木		楮	닥나무	13	木
	捚	손바닥에 받을	11	木		著	지을, 나타날	15	木
	載	실을, 가득할	13	火		宁	뜰, 멈추어 설	5	木
재	在	있을, 살필	6	土		柢	뿌리, 근본	9	木
(金)	崽	자식, 어린이	12	土		觝	닿을, 도달할	12	木
	財	재물	10	金	저	儲	쌓을, 저축할	18	火
	賊	재물, 재화	16	金	(金)	氐	근본	5	火
	溨	맑을	13	水		邸	집, 저택, 바탕	12	土
	斎	재계, 공손할	9	水		牴	부딪힐, 만날	9	土
	溨	물 이름	14	水		陼	물가, 삼각주	17	土
쟁	箏	쟁, 풍경	14	木		貯	쌓을, 저축할	12	金
	錚	쇳소리, 징	16	金		渚	물가, 모래섬	13	水

226

발음 (오행)	한자	뜻	획수 원획	자원 오행	발음 (오행)	한자	뜻	획수 원획	자원 오행
	摘	딸, 추릴	15	木		奠	정할, 제사지낼	12	木
	積	쌓을, 모을	16	木		氈	양탄자, 모	17	木
	籍	호적, 서적, 문서	20	木		筌	통발	12	木
	績	길쌈, 지을	17	木		篆	전자, 도장	15	木
	菂	연밥	14	木		靛	청대	16	木
	的	과녁, 표준	8	火		箭	화살	15	木
적 (金)	赤	붉을	7	火	전 (金)	佃	밭갈	7	火
	駒	별박이, 준마	13	火		佺	신선이름	8	火
	覿	볼, 만날	22	火		傳	전할, 말할	13	火
	勣	공적, 업적	13	土		輾	반전할, 구를	17	火
	跡	발자취, 밟을	13	土		轉	구를	18	火
	蹟	자취, 사적	18	土		顓	오로지, 착할, 삼가할	18	火
	迪	나아갈	12	土		悛	고칠, 깨달을	11	火
	滴	물방울	15	水		畑	화전	9	土

발음 (오행)	한자	뜻	획수 원획	자원 오행	발음 (오행)	한자	뜻	획수 원획	자원 오행
	全	온전할, 온통	6	土		鈿	비녀	13	金
	塡	채울, 가득 찰	13	土		銓	저울질할, 헤아릴	14	金
	塼	벽돌	14	土		錢	돈, 동전	16	金
	專	오로지	11	土		鐫	새길, 쪼을	21	金
	田	밭갈	5	土		戩	다할, 멸할	14	金
	甸	경기, 경계	7	土		磚	벽돌	16	金
전 (金)	嫥	오로지	14	土	전 (金)	鐉	가마, 가마솥, 추	16	金
	甎	벽돌	16	土		電	번개, 전기	13	水
	畋	밭갈	9	土		餞	전송할, 보낼	17	水
	典	법	8	金		囀	지저귈	21	水
	前	앞, 먼저	9	金		湔	씻을	13	水
	殿	대궐	13	金		濺	씻을	13	水
	瑱	옥이름, 귀막이	13	金		澶	물 흐를	17	水
	詮	설명할, 갖출	13	金		腆	두터울	14	水

발음 (오행)	한자	뜻	획수 원획	자원 오행	발음 (오행)	한자	뜻	획수 원획	자원 오행
절 (金)	節	마디	15	木	접 (金)	楪	평상, 마루	13	木
	晢	밝을, 총명할	11	火		跕	밟을, 서행	12	土
	峜	산굽이	7	土		蹀	밟을, 장식	16	土
	浙	강이름	11	水	정 (金)	定	정할, 편안할	8	木
점 (金)	店	가게, 점포	8	木		庭	뜰, 집안, 조정	10	木
	粘	붙을, 끈끈할	11	木		廷	조정, 관청	7	木
	簟	대자리	18	木		挺	빼어날, 뺄	11	木
	蔪	우거질	17	木		桯	사람 이름	9	木
	颭	물결 일	14	木		綎	가죽띠, 인끈	13	木
	黏	차질, 붙을	17	木		桯	기둥, 탁자	11	木
	岾	땅이름, 재, 고개	8	土		根	문설주	12	木
	漸	점점, 적실	15	水		精	깨끗할, 총명할	14	木
	點	점	17	水		艇	배, 거룻배	13	木
접	接	접할, 모일	12	木		禎	상서, 길조	14	木

발음 (오행)	한자	뜻	획수 원획	자원 오행	발음 (오행)	한자	뜻	획수 원획	자원 오행
정 (金)	旌	기, 표할	11	木	정 (金)	灯	등잔	6	火
	程	법, 한도, 길	12	木		侹	평탄, 평평할, 꼿꼿할	9	火
	靜	고요할, 조용할	16	木		頲	곧을	16	火
	靚	단장할	15	木		妌	단정할	8	土
	靘	검푸른 빛	14	木		正	바를, 떳떳할	5	土
	静	고요할	14	木		町	밭두둑	7	土
	靖	편안할, 꾀할	13	木		鄭	나라이름	19	土
	亭	정자, 집	9	火		婧	날씬할, 단정할	11	土
	情	뜻, 사랑, 정성	12	火		婷	예쁠	12	土
	晶	수정, 맑을	12	火		珽	옥이름, 옥돌	12	金
	晸	해뜰, 햇빛들	12	火		訂	바로잡을, 고칠	9	金
	炡	빛날	9	火		鋌	쇳덩이, 살촉	15	金
	頂	정수리, 이마	11	火		錠	쇳덩이, 신선로	16	金
	鼎	솥	13	火		鋥	칼날 세울, 칼 갈	15	金

230

발음 (오행)	한자	뜻	획수 원획	자원 오행	발음 (오행)	한자	뜻	획수 원획	자원 오행
	政	정사, 바를	9	金	정	涏	곧을, 윤택할	11	水
	整	정돈할, 가지런할	16	金		帝	임금	9	木
	玎	옥소리	7	金		提	끌, 당길	13	木
	碇	닻, 배를 멈출	13	金		梯	사다리	11	木
	諄	고를, 조정할	16	金		第	차례	11	木
	貞	곧을	9	金		製	지을, 만들	14	木
정	釘	못	10	金		禔	복, 즐거움	14	木
	珵	패옥, 옥이름	12	金	제	緹	붉을	15	木
(金)	証	간할, 충고할	12	金		悌	공경할, 공손할	11	火
	井	우물	4	水	(金)	題	제목, 머리말	18	火
	呈	드릴, 드러낼	7	水		偙	준걸	11	火
	汀	물가	6	水		祭	제사	11	土
	淨	깨끗할, 맑을	12	水		齊	가지런할, 다스릴	14	土
	湞	물이름	13	水		媞	안존할, 아름다울	12	土

231

발음 (오행)	한자	뜻	획수 원획	자원 오행	발음 (오행)	한자	뜻	획수 원획	자원 오행
제 (金)	娣	예쁠, 아름다울	9	土	조 (金)	找	채울	8	木
	堤	둑, 방죽	12	土		絛	끈	13	木
	際	즈음, 만날, 때	19	土		彫	새길	11	火
	制	절제할, 지을, 제도	8	金		早	이를, 일찍	6	火
	劑	약제, 조절	16	金		晁	아침	10	火
	瑅	옥이름	14	金		晃	아침	10	火
	鍗	큰 가마	17	金		曺	성	10	火
	濟	건널, 구제할	18	水		照	비칠, 빛날	13	火
조 (金)	艚	거룻배	17	木		燥	마를, 물에 말릴	17	火
	措	둘, 베풀	12	木		肇	비로소, 비롯할	14	火
	操	지조, 잡을, 부릴	17	木		傮	마칠	13	火
	眺	바라볼, 살필	11	木		助	도울	7	土
	稠	빽빽할	13	木		曹	마을, 무리	11	土
	組	짤, 인끈	11	木		造	지을, 세울	14	土

발음 (오행)	한자	뜻	획수 원획	자원 오행	발음 (오행)	한자	뜻	획수 원획	자원 오행
조 (金)	遭	만날, 마주칠	18	土	조	澡	씻을	17	水
	嬥	날씬할	17	土	족	簇	조릿대, 가는 대	17	木
	朝	아침	18	土	존 (金)	尊	높을, 공경할	12	木
	譟	기뻐할, 떠들	20	金		拵	의거할	10	木
	璪	면류관 옥	18	金		存	있을, 보존할	6	水
	祚	복	10	金	종 (金)	宗	마루, 근본, 제사	8	木
	詔	조서, 고할	12	金		椶	종려나무	12	木
	調	고를, 균형 잡힐	15	金		種	씨, 종족, 심을	14	木
	釣	낚시, 구할	11	金		綜	모을, 통할, 잉아	14	木
	琱	아로새길	13	金		柊	나무이름, 망치	9	木
	朝	아침	12	水		樅	전나무	15	木
	漕	배로 실어 나를	15	水		倧	상고 신인	10	火
	潮	조수, 밀물, 썰물	16	水		從	좇을, 나아갈	11	火
	窕	고요할	11	水		慒	즐거울, 즐길	12	火

발음 (오행)	한자	뜻	획수 원획	자원 오행	발음 (오행)	한자	뜻	획수 원획	자원 오행
종 (金)	慒	생각할, 꾀할	15	火	주 (金)	宙	집, 하늘	8	木
	踪	자취, 사적	15	土		朱	붉을	6	木
	蹤	발자취	18	土		柱	기둥, 버틸	9	木
	琮	옥홀	13	金		株	그루, 뿌리	10	木
	鍾	쇠북, 술잔	17	金		紬	명주	11	木
	鐘	쇠북, 종, 시계	20	金		拄	버틸, 떠받칠	9	木
	璁	패옥소리	16	金		蔟	대주, 정월	17	木
	淙	물소리	12	水		椆	영수목, 삿대	12	木
좌 (金)	座	자리, 지위	10	木		絑	댈, 서로 닿을	11	木
	佐	도울	7	火		綏	붉을	12	木
	左	왼쪽, 도울	5	火		輳	모일, 몰려들	16	火
	坐	앉을, 자리, 지위	7	土		儔	무리, 필적할	16	火
주	主	주인, 임금	5	木		晭	밝을	12	火
	奏	아뢸, 연주할	9	木		晭	햇빛	12	火

234

발음 (오행)	한자	뜻	획수 원획	자원 오행	발음 (오행)	한자	뜻	획수 원획	자원 오행
주 (金)	住	머무를, 살	7	火	주 (金)	鉒	쇳돌, 두다	13	金
	做	지을, 만들	11	火		賍	재물	12	金
	晝	낮	11	火		珘	구슬	11	金
	炷	심지	9	火		周	두루, 둘레	8	水
	趎	사람이름	13	火		州	고을	6	水
	輈	끌채, 굳셀	13	火		注	부을, 물댈, 흐를	9	水
	燽	밝을, 드러날	18	火		洲	물가, 섬	10	水
	姝	예쁠, 사람이름	9	土		澍	단비, 젖을	16	水
	週	돌, 회전할, 주일	15	土	준 (金)	寯	모일, 뛰어날, 재주	16	木
	遒	닥칠, 다할	14	土		葰	클	15	木
	珠	구슬, 진주	11	金		俊	준걸, 뛰어날	9	火
	珘	구슬, 진주	11	金		儁	준걸, 뛰어날	15	火
	註	글 뜻 풀, 기록할	12	金		准	준할, 승인할	10	火
	賙	진휼할, 보탤	15	金		晙	밝을, 일찍	11	火

235

발음(오행)	한자	뜻	획수 원획	자원 오행	발음(오행)	한자	뜻	획수 원획	자원 오행
준(金)	焌	구울	11	火	중	中	가운데	4	土
	駿	준마	17	火		重	무거울, 두터울	9	土
	鵔	금계	18	火		衆	무리, 백성	12	水
	傅	모일, 많을	14	火	즙(金)	楫	노, 돛대	13	木
	雋	똑똑할, 슬기로울	17	火		檝	노, 배	17	木
	埈	높을, 준엄할	10	土	증(金)	拯	건질, 구원할	10	木
	畯	농부	12	土		繒	비단, 명주	18	木
	僔	기쁠	17	金		罾	그물, 어망	18	木
	準	준할, 법도	12	水		曾	거듭, 일찍	12	火
	濬		12	水		增	더할, 높을	15	土
줄(金)	茁	풀싹, 성할	11	木		嶒	산 높을	15	土
	莁	줄	9	木		證	증거, 증명할	19	金
중(金)	衆	무리, 백성	11	木		贈	줄, 더할	19	金
	仲	버금, 둘째	6	火	지	枝	가지	8	木

236

발음 (오행)	한자	뜻	획수 원획	자원 오행	발음 (오행)	한자	뜻	획수 원획	자원 오행
지 (金)	持	가질, 지닐	10	木	지 (金)	劼	굳건할	6	土
	祉	복, 행복	9	木		知	알, 지혜	8	金
	紙	종이	10	木		砥	숫돌, 수양, 평평할	10	金
	芝	지초, 버섯, 영지	10	木		誌	기록할	14	金
	榰	주춧돌, 버틸	14	木		識	적을, 표할	19	金
	秖	곡식여물기 시작할	10	木		池	연못, 도랑	7	水
	舣	만날, 합할	11	木		沚	물가	8	水
	志	뜻, 마음	7	火		泜	물이름	9	水
	智	지혜, 슬기	12	火	직 (金)	直	곧을	8	木
	恀	기댈, 믿을	8	火		織	짤, 만들	18	木
	駤	굳셀	14	火		禝	사람이름	15	木
	地	땅	6	土		職	직업, 벼슬	18	火
	址	터, 토대	7	土	진	振	떨칠, 구원할	11	木
	至	이를, 지극할	6	土		眞	참	10	木

발음 (오행)	한자	뜻	획수 원획	자원 오행	발음 (오행)	한자	뜻	획수 원획	자원 오행
진 (金)	榛	우거질, 개암나무	14	木	진 (金)	畛	두둑, 두렁길	10	土
	秦	나라이름	10	木		臻	이를, 모일, 성할	16	土
	縉	붉은 비단, 분홍빛	16	木		進	나아갈, 오를	15	土
	縝	고을, 촘촘할, 맺을	16	木		陣	진칠, 전쟁	15	土
	蓁	우거질, 숲	16	木		陣	진칠	15	土
	稹	빽빽할, 촘촘할	15	木		陳	베풀, 묵을	16	土
	抮	되돌릴, 붙다	9	木		陳	베풀, 묵을	16	土
	真	참, 진리, 본성	10	木		珍	보배	10	金
	靖	바를	13	木		瑨	아름다운 옥돌	15	金
	晉	나아갈, 진나라	10	火		璡	옥돌	17	金
	儘	다할, 완수할	16	火		盡	다할, 완수할	14	金
	趁	좇을, 따를	12	火		賑	구휼할, 넉넉할	14	金
	跡	밝을	11	火		瑮	옥 이름	11	金
	昣	밝을	9	火		鉁	보배	13	金

238

발음 (오행)	한자	뜻	획수 원획	자원 오행	발음 (오행)	한자	뜻	획수 원획	자원 오행
진 (金)	診	볼, 진찰할	12	金	집 (金)	輯	모을	16	火
	鎭	진압할, 진정할	18	金		鏶	쇳조각, 판금	20	金
	津	나루, 물가	10	水		戢	거둘, 보관할	13	金
	溱	성할, 많을	14	水		濈	샘솟을, 세찰	16	水
	震	우레, 벼락, 지진. 진동	15	水	징 (金)	瞪	바로 볼	17	木
질 (金)	帙	책권, 차례	8	木		徵	부를, 거둘	15	火
	秩	차례	10	木		澄	맑을	16	水
	郅	성할, 고을이름	13	土		瀓	맑을	16	水
	瓆	사람이름	20	金		瀓	맑을	19	水
	質	바탕	15	金	차 (金)	槎	나무 벨	14	木
짐	朕	나, 조짐	10	水		車	수레	7	火
집	緝	모을, 낳을	15	木		侘	잴, 도울	8	火
	集	모을, 이룰	12	火		借	빌릴, 꾸밀	11	火
	執	잡을, 가질	11	火		姹	아리따울, 아름다울	9	土

발음 (오행)	한자	뜻	획수 원획	자원 오행	발음 (오행)	한자	뜻	획수 원획	자원 오행
차 (金)	嵯	우뚝 솟을	13	土	찬 (金)	巑	산 뾰족할	22	土
	磋	갈	15	金		孉	희고 환할	22	土
	瑳	깨끗할, 고울	15	金		璨	옥빛, 빛날	18	金
	硨	옥돌, 조개이름	12	金		瓚	옥잔, 제기	24	金
착 (金)	捉	잡을	11	木		贊	도울, 밝힐	19	金
	着	붙을, 입을	12	土		讚	기릴, 도울	22	金
찬 (金)	撰	지을, 만들	16	木		賛	도울	15	金
	纂	모을, 편찬할	20	木		澯	맑을	17	水
	粲	정미, 밝을	13	木	찰 (金)	察	살필, 자세할	14	木
	纘	이을	25	木		札	편지, 패	5	木
	攢	모일, 뚫을	23	木		扎	편지, 패	5	木
	欑	모을	23	木		槧	판목, 편지	15	木
	燦	빛날	17	火	참 (金)	參	참여할, 뵐	11	火
	儹	모을	17	火		鑱	새길	19	金

240

발음 (오행)	한자	뜻	획수 원획	자원 오행	발음 (오행)	한자	뜻	획수 원획	자원 오행
참	站	일어설	10	金		戧	비롯할, 시작할	14	金
	槍	창, 무기	14	木		瑲	옥 소리	15	金
	艙	선창, 부두	16	木		滄	큰 바다	14	水
	蒼	푸를, 우거질	16	木	창 (金)	漲	넘칠	15	水
	閶	문	16	木		窓	창문	11	水
	倉	창고, 곳집	10	火		窗	창, 창문	12	水
	唱	부를, 인도할	12	火		淐	물이름	12	水
창 (金)	彰	드러날, 밝을	14	火		寀	녹봉	11	木
	昌	창성할, 아름다울	8	火		寨	목책, 울타리	14	木
	昶	해 길, 밝을	9	火		採	캘, 풍채, 채색	12	木
	暢	화창할, 펼	14	火	채 (金)	綵	비단, 문채	14	木
	創	비롯할, 다칠	12	金		蔡	풀, 거북, 나라이름	17	木
	敞	시원할, 높을	12	金		采	캘, 풍채, 채색	8	木
	刱	비롯할	8	金		婇	여자이름	11	土

241

발음 (오행)	한자	뜻	획수 원획	자원 오행	발음 (오행)	한자	뜻	획수 원획	자원 오행
채	砦	진터, 목책	10	金		陟	오를, 올릴	15	土
책 (金)	冊	책, 문서	5	木	척	坧	터, 기지	8	土
	柵	울타리, 목책	9	木		墌	터, 기지	14	土
	策	꾀, 대책, 채찍	12	木		滌	씻을, 헹굴	15	水
	笧	책, 척서	11	木	천 (金)	薦	천거할, 드릴	19	木
	簀	살평상, 대자리	17	木		闡	열, 밝힐, 넓힐	20	木
처 (金)	萋	우거질, 공손할	14	木		芊	우거질, 무성할	9	木
	處	곳, 머무를	11	土		荐	천거할, 드릴	12	木
	郪	고을이름	15	土		蒨	꼭두서니, 선명할	16	木
척 (金)	撫	주울	15	木		蔵	갖출, 경계할	18	木
	尺	자	4	木		仟	무성할, 일천	5	火
	拓	열, 개척할	9	木		倩	예쁠	10	火
	倜	뛰어날, 대범할	10	火		踐	밟을, 오를	15	土
	蹠	밟을, 나아갈	18	土		阡	밭둑, 언덕, 길	11	土

242

발음 (오행)	한자	뜻	획수 원획	자원 오행	발음 (오행)	한자	뜻	획수 원획	자원 오행
천 (金)	荐	거듭	12	土	철	澈	물맑을	16	水
	逬	천천히 걸을	10	土	첨 (金)	瞻	우러러 볼	18	木
	玔	옥고리	8	金		僉	다, 여럿	13	火
	泉	샘	9	水		甜	달, 곤이 잘	11	土
	洊	이를, 자주	10	水		甛	달, 곤이 잘	11	土
철 (金)	綴	맺을, 엮을, 꿰멜	14	木		詹	이를, 도달할, 살필	13	金
	瞮	눈 밝을	17	木		沾	더할, 첨가할	9	水
	徹	통할, 뚫을	15	火		添	더할, 덧붙일	12	水
	悊	밝을, 공경할	11	火	첩 (金)	帖	표제, 문서	8	木
	埑	밝을, 슬기로울	10	土		捷	빠를, 이길	12	木
	銕	쇠, 무기	14	金		牒	편지, 계보	13	木
	鉄	쇠, 무기	13	金		倢	빠를	10	火
	哲	밝을, 슬기로울	10	水		怗	고요할, 복종할	9	火
	喆	밝을, 총명할	12	水		貼	붙일, 붙을	12	金

발음 (오행)	한자	뜻	획수 원획	자원 오행	발음 (오행)	한자	뜻	획수 원획	자원 오행
	菁	우거질, 화려할	14	木		樵	땔나무할	16	木
	靑	푸를	8	木		超	뛰어넘을, 뛰어날	12	火
	青	푸를	8	木		憔	밝게 볼	14	火
청	晴	갤, 맑을	12	火		趒	넘을, 뛸	15	火
	請	청할, 물을	15	金		軺	수레	12	火
(金)	凊	서늘할, 추울	10	水	초	岧	높을, 산우뚝할	8	土
	淸	맑을, 깨끗할	12	수	(金)	迢	멀, 높을	12	土
	締	맺을	15	木		硝	초석, 화약	12	金
	替	바꿀, 대신할, 베풀	12	火		礎	주춧돌, 기초	18	金
체	逮	잡을, 미칠	15	土		鈔	좋은 쇠	11	金
(金)	遞	갈마들, 갈릴	17	土		肖	닮을, 같을	9	水
	諦	살필, 이치	16	金		噍	씹을, 지저귈	15	水
	體	몸, 근본	23	金	촉	燭	촛불	17	火
초	招	부를	9	木	(金)	蜀	나라이름	13	水

발음 (오행)	한자	뜻	획수 원획	자원 오행	발음 (오행)	한자	뜻	획수 원획	자원 오행
촌 (金)	村	마을	7	木	최 (金)	榱	서까래	14	木
	忖	헤아릴	7	火		催	재촉할, 열, 베풀	13	火
	邨	마을, 시골	11	土		崔	높을	11	土
총 (金)	総	거느릴, 모을	14	木		璀	빛날, 옥광채	16	金
	蓯	우거질	17	木		磪	산높을	16	金
	寵	사랑할, 은혜	19	木		最	가장, 제일	12	水
	摠	거느릴, 모두	15	木		漼	깊을, 선명	15	水
	總	합할, 다, 거느릴	17	木	추 (金)	推	밀, 읊을	12	木
	蔥	푸를, 파	17	木		椎	뭉치, 방망이	12	木
	聡	귀밝을, 총명	14	火		樞	지도리, 근원	15	木
	聰	귀밝을, 총명할	17	火		帚	빗자루, 깨끗할	8	木
	銃	총	14	金		揫	모을, 묶을	13	木
	叢	모을, 떨기	18	水		簉	버금자리, 부거	17	木
촬	撮	사진찍을, 모을	16	木		縋	매어달, 줄	16	木

발음 (오행)	한자	뜻	획수 원획	자원 오행	발음 (오행)	한자	뜻	획수 원획	자원 오행
추 (金)	娵	별이름, 미녀	11	土	충 (金)	衷	속마음, 정성	10	木
	諏	물을	15	金		珫	귀고리 옥	11	金
	酋	우두머리	9	金	췌 (金)	萃	모일, 모을	14	木
	錘	저울추	16	金		揣	헤아릴	13	木
	鎚	쇠망치, 저울	18	金	취 (金)	炊	불땔, 밥지을	8	火
	啾	작은소리, 읊조릴	12	水		聚	모을, 무리	14	火
축 (金)	蓄	쌓을, 둘	16	木		趣	달릴, 재미, 뜻	15	火
	竺	대나무, 나라이름	8	木		就	나아갈, 이룰	12	土
	築	쌓을, 집지을	16	木		冣	모을, 쌓을	10	土
	軸	굴대, 굴레	12	火		取	취할, 가질	8	水
	祝	빌, 축원할	10	金	측	測	측량할, 젤	13	水
춘 (金)	瑃	옥이름	14	金	치 (金)	緻	빽빽할, 이를	15	木
	賰	넉넉할	16	金		置	둘, 베풀, 버릴	14	木
충	充	가득찰, 채울	6	木		寘	둘, 다할	13	木

발음 (오행)	한자	뜻	획수 원획	자원 오행	발음 (오행)	한자	뜻	획수 원획	자원 오행
	幟	기, 표지	15	木		駸	달릴, 빠를	17	火
	値	값, 만날	10	火	침	郴	고을이름	15	土
치	熾	성할, 맹렬할	16	火		琛	보배, 옥	13	金
	馳	달릴	13	火	칭	秤	저울	10	木
(金)	致	이를, 빽빽할	10	土	(金)	稱	일컬을, 부를	14	木
	峙	언덕, 산우뚝할	9	土		夬	터놓을	4	木
	治	다스릴	9	水	쾌	快	빠를	8	火
	勅	칙서, 타이를	9	土	(木)	噲	목구멍, 상쾌할	16	水
칙	則	법칙, 본받을	9	金		拖	끌어당길	9	木
(金)	敕	칙서, 조서	11	金		橢	깊고 둥글	13	木
	飭	삼갈, 신칙할	13	水	타	舵	선박키	11	木
친	親	친할, 부지런할	16	火	(火)	拕	끌, 당길	9	木
침	寢	잠잘, 쉴	14	木		柁	키, 선박키	9	木
(金)	忱	정성, 참마음	8	火		橢	길쭉할	16	木

발음 (오행)	한자	뜻	획수 원획	자원 오행	발음 (오행)	한자	뜻	획수 원획	자원 오행
타 (火)	駄	실을, 태울	13	火		炭	숯, 석탄	9	火
	妥	온당할, 편안할	7	土	탄 (火)	憻	평평할, 너그러울	17	火
탁 (火)	卓	높을, 뛰어날	8	木		暺	밝을, 환할	16	火
	度	헤아릴, 꾀할	9	木		坦	평평할, 넓을	8	土
	托	맡길, 의지할	7	木	탈	侻	가벼울	9	火
	倬	클, 밝을	10	火	탐	探	찾을, 정탐할	12	木
	晫	밝을, 환할	12	火	(火)	耽	즐길, 기쁨을 누릴	10	火
	踔	멀, 아득할	15	土	탑	塔	탑	13	土
	逴	멀, 아득할	15	土		帑	금고, 처자	8	木
	琢	옥다듬을, 닦을	13	金	탕	燙	데울	16	火
	琸	사람이름	13	金	(火)	碭	무늬있는 돌	14	金
	託	부탁할, 의탁할	10	金		盪	씻을, 밀	17	水
	鐸	방울, 요령	21	金	태 (火)	太	클, 밝을	4	木
	濯	씻을, 클, 빛날	18	水		娧	아름다울	10	土

발음 (오행)	한자	뜻	획수 원획	자원 오행	발음 (오행)	한자	뜻	획수 원획	자원 오행
태 (火)	邰	나라이름	12	土	톤	噋	느릿할	15	水
	埭	둑, 보	11	土	통 (火)	桶	통, 용기	11	木
	迨	미칠, 이를, 원할	12	土		筒	대통, 대롱	12	木
	兌	기쁠	7	金		統	거느릴, 통솔할	12	木
	鈦	티타늄	12	金		樋	나무이름	15	木
	台	별이름, 태풍	5	水		箈	대통	13	木
택 (火)	宅	집	6	木		通	통할, 형통할	14	土
	擇	가릴, 고를	17	木		洞	밝을, 꿰뚫을	10	水
	澤	못, 윤택할	17	水	퇴	堆	언덕, 쌓을	11	土
탱 (火)	撐	버틸, 버팀목	16	木	투 (火)	透	통할, 사무칠	14	土
	撑	버틸, 버팀목	16	木		渝	변할	13	水
	掌	버틸, 버팀목	12	木	퉁	佟	강이름	7	火
터	攄	펼, 나타낼	19	木	특	特	특별할, 수컷	10	土
토	討	칠, 다스릴	10	金	파	把	잡을	8	木

249

발음 (오행)	한자	뜻	획수 원획	자원 오행	발음 (오행)	한자	뜻	획수 원획	자원 오행
파 (水)	播	씨뿌릴, 심을	16	木	패 (水)	牌	패, 호패	12	木
	旛	흴, 볼록할	17	木		斾	기, 선구	10	木
	坡	고개, 언덕	8	土		覇	으뜸, 두목	19	金
	巴	땅이름, 꼬리	4	土		珮	찰, 지닐	11	金
	岥	비탈, 고개	8	土		浿	강이름, 물가	11	水
	鄱	고을이름	19	土		孛	살별, 혜성	7	水
	波	물결, 움직일	9	水		霈	비 쏟아질	15	水
	派	물결, 보낼	10	水		霸	으뜸, 두목	21	水
판 (水)	坂	고개, 언덕	7	土	팽 (水)	彭	땅이름	12	火
	阪	비탈, 언덕, 둑	12	土		砰	돌구르는 소리	10	金
	判	판단할, 쪼갤	7	金		澎	물소리	16	水
	辦	힘쓸, 갖출	16	金		膨	부풀, 불을	18	水
	鈑	금박	12	金	편 (水)	篇	책	15	木
팔	汃	물결치는 소리	6	水		編	엮을	15	木

발음(오행)	한자	뜻	획수 원획	자원 오행	발음(오행)	한자	뜻	획수 원획	자원 오행
편(水)	艑	거룻배, 큰배	15	木	포(水)	布	베, 펼, 베풀	5	木
	便	편할, 소식, 휴식	9	火		抱	안을, 가질	9	木
	翩	나부낄, 펄럭일	15	火		捕	사로잡을	11	木
	遍	두루, 모든	16	土		苞	쌀	11	木
	匾	납작할	11	金		袍	도포, 웃옷	11	木
	諞	말잘할	16	金		襃	기릴, 칭찬할	15	木
평(水)	枰	바둑판	9	木		庖	부엌, 음식	8	木
	坪	들, 평평할	8	土		佈	펼, 알릴	7	火
	評	평론할, 의논할	12	金		包	감쌀, 용납할	5	金
	泙	물소리	9	水		砲	대포	10	金
폐(水)	嬖	사랑할	16	土		鋪	펼, 베풀, 가게	15	金
	陛	섬돌, 층계	15	土		誧	도울, 간할	14	金
포	匍	길쭉할	9	木		圃	밭, 들일, 넓을, 클	10	水
	匏	박, 악기	11	木		浦	물가, 바닷가	11	水

발음 (오행)	한자	뜻	획수 원획	자원 오행
포	飽	배부를	14	水
폭 (水)	幅	폭, 너비	12	木
	曝	햇빛 쬘	19	火
	輻	바퀴살	16	火
표 (水)	杓	자루, 별이름	7	木
	標	표할, 기록할	15	木
	表	겉, 나타날	9	木
	縹	휘날릴, 옥색	17	木
	票	표, 쪽지	11	火
	驃	날쌜,	21	火
	僄	날랠, 가벼울	13	火
	瞟	들을	17	火
품 (水)	稟	여쭐, 줄, 밝을	13	木
	品	물건	9	水

발음 (오행)	한자	뜻	획수 원획	자원 오행
풍 (水)	楓	단풍나무	13	木
	豐	풍년	18	木
	馮	성씨	12	火
	諷	월, 풍자할	16	金
피 (水)	被	이불, 덮을	11	木
	陂	방죽, 연못	13	土
필 (水)	筆	붓	12	木
	苾	향기로울	11	木
	馝	좋은 향내날	14	木
	必	반드시, 꼭	5	火
	佖	점잖을, 가득찰	7	火
	駜	살찔	15	火
	畢	마칠, 다할	11	土
	疋	짝, 배필, 홀	5	土

발음 (오행)	한자	뜻	획수 원획	자원 오행	발음 (오행)	한자	뜻	획수 원획	자원 오행
	弼	도울, 보필	12	金		椵	붉을, 노을	16	火
	珌	칼집 장식	10	金		賀	하례할, 경사	12	金
	斁	다할, 불모양	15	金		呵	껄껄 웃을	9	金
	鉍	창자루	13	金	하	河	물, 강	9	水
필 (水)	泌	스며흐를, 샘물흐를	9	水	(土)	嚇	웃음소리	17	水
	咇	향내날	8	水		嗬	웃을	16	水
	潷	용솟음칠	15	水		跔	클, 복	14	水
	滭	샘이 용솟을	12	水		壑	도랑, 산골짜기	17	土
	厦	큰 집, 문간방	12	木		郝	땅이름	14	土
	廈	큰 집, 문간방	13	木	학	學	배울, 글방	16	水
하 (土)	荷	멜, 책임질, 연꽃	13	木	(土)	嗃	엄숙할	13	水
	抲	지휘할	9	木		学	배울, 학교	8	水
	閜	크게 열릴	13	木	한	捍	막을, 방어할	11	木
	昰	여름, 클	9	火	(土)	閑	익힐, 법	16	木

253

발음 (오행)	한자	뜻	획수 원획	자원 오행
한 (土)	欄	큰 나무	16	木
	翰	편지, 날개, 글	16	火
	侃	굳셀	14	火
	暵	마를, 말릴	15	火
	閒	한가할, 틈	12	土
	限	한할, 한정	14	土
	嫻	우아할, 조용할	15	土
	嫺	우아할, 조용할	15	土
	閈	이문, 마을	11	土
	邗	땅이름	10	土
	韓	나라이름	17	金
	漢	한수, 한나라	15	水
	瀚	넓고 클, 사막이름	20	水
	閑	한가할, 틈	12	水

발음 (오행)	한자	뜻	획수 원획	자원 오행
한	澣	넓을	16	水
할	轄	다스릴	17	火
함 (土)	函	상자, 함	8	木
	艦	싸움배	20	木
	諴	화동할	16	金
	含	머금을	7	水
	咸	다, 모두	9	水
합 (土)	郃	고을 이름	13	土
	匌	돌, 만날	8	金
	盍	덮을, 합할	10	金
	合	합할, 맞을	6	水
	哈	웃는 소리	9	水
항 (土)	杭	건널, 나룻배	8	木
	夯	멜, 힘주어 들	5	木

발음 (오행)	한자	뜻	획수 원획	자원 오행	발음 (오행)	한자	뜻	획수 원획	자원 오행
	航	배, 건널	10	木		解	풀, 가를	13	木
	伉	짝, 굳셀, 맞설	6	火		偕	함께할, 굳셀	11	火
	恒	항상, 옛	10	火		晐	갖출, 햇빛 비칠	10	火
	行	항렬, 굳셀	6	火		垓	지경, 경계, 끝	9	土
	項	조목, 목덜미	12	火	해	邂	만날	20	土
	恆	항상, 옛	10	火	(土)	嶰	산골짜기	16	土
항	姮	항아, 계집이름	9	土		該	마땅, 갖출	13	金
(土)	嫦	항아, 계집이름	14	土		諧	화할, 고를	16	金
	缸	항아리	9	土		瑎	검은 옥돌	14	金
	缿	푸서함, 저금통	12	土		澥	바다이름	17	水
	亢	목, 높을, 올라갈	4	水	핵	核	씨	10	木
	沆	큰물, 흐를	8	水	행	涬	기운, 끌	12	水
	港	항구	13	水	향	晑	밝을	10	火
해	楷	본보기, 나무이름	13	木	(土)	享	누릴, 드릴	8	土

발음 (오행)	한자	뜻	획수 원획	자원 오행	발음 (오행)	한자	뜻	획수 원획	자원 오행
향 (土)	鄕	시골, 마을, 고향	17	土	혁 (土)	爀	붉은빛, 빛날	18	火
	珦	옥이름, 구슬	11	金		赫	빛날, 붉을	14	火
	向	향할, 나아갈	6	水		焃	빛날, 붉을, 밝을	11	火
	嚮	향할, 권할, 누릴	19	水		侐	고요할	8	火
허 (土)	墟	언덕, 빈터	15	土		革	가죽, 고칠	9	金
	許	허락할, 바랄	11	金		洫	봇도랑, 수문, 해자	10	水
헌 (土)	櫶	나무이름	20	木	현 (土)	弦	활시위, 악기줄	8	木
	幰	수레 휘장	19	木		絃	줄, 현악기	11	木
	憲	법, 가르칠	16	火		絢	무늬, 문채	12	木
	軒	집, 추녀	10	火		縣	고을	16	木
	憶	총명할	20	火		舷	뱃전	11	木
	獻	드릴, 바칠	20	土		繯	맬, 휘감다	19	木
험	驗	시험할, 증거	23	火		峴	땅이름	12	木
혁	奕	클, 아름다울	9	木		衒	자랑할	11	火

256

발음 (오행)	한자	뜻	획수 원획	자원 오행	발음 (오행)	한자	뜻	획수 원획	자원 오행
현 (土)	晛	햇살, 밝을, 환할	11	火	현 (土)	袨	여자이름	8	土
	懸	매달릴, 걸	20	火		娊	허리 가늘	10	土
	炫	밝을, 빛날	9	火		玹	옥돌, 옥빛	10	金
	衒	자랑할	11	火		現	나타날, 드러내다	12	金
	見	뵈올, 나타날	7	火		賢	어질, 나을, 현명할	15	金
	顯	나타날, 드러날	23	火		鉉	솥귀	13	金
	儇	영리할, 빠를	15	火		琄	옥모양, 패옥	12	金
	眩	햇빛, 당혹할	9	火		鋗	노구솥, 냄비	15	金
	翾	날, 빠를	19	火		弦	활	11	金
	衒	팔, 팔다	9	火		譞	영리할, 슬기	20	金
	顕	나타날, 명확할	18	火		泫	이슬 빛날	9	水
	峴	고개, 재, 산이름	10	土	혈 (土)	絜	헤아릴, 잴	12	木
	嬛	산뜻할	16	土		趐	나아갈	13	火
	限	한정할, 한계	15	土	협	挾	끼일, 가질, 품을	11	木

발음 (오행)	한자	뜻	획수 원획	자원 오행	발음 (오행)	한자	뜻	획수 원획	자원 오행
협 (土)	挾	끼일, 가질, 품을	11	木	형 (土)	熒	반짝일, 밝을	14	火
	俠	호협할	9	火		衡	저울, 평평할	16	火
	恊	화합할, 으뜸	10	火		侀	거푸집, 모양 이룰	8	火
	恔	쾌할, 만족할	10	火		亨	형통할, 드릴	7	土
	愜	쾌할, 만족할	13	火		型	거푸집, 모형	9	土
	峽	골짜기, 산골	10	土		迥	통달할, 멀	13	土
	埉	물가	10	土		邢	나라이름	11	土
	協	화합할, 화할	8	水		逈	멀	12	土
	浹	젖을, 두루 미칠	11	水		珩	노리개, 구슬, 패옥	11	金
	叶	맞을, 화합할	5	水		瑩	의혹할, 밝을	15	金
	洽	화할, 젖을	8	水		鎣	꾸밀, 줄	18	金
형	馨	향기로울, 꽃다울	20	木		夐	멀, 아득할	14	金
	形	형상, 모양	7	火		滎	실개천	14	水
	炯	빛날, 밝을	9	火		瀅	물맑을	19	水

258

발음 (오행)	한자	뜻	획수 원획	자원 오행	발음 (오행)	한자	뜻	획수 원획	자원 오행
혜 (土)	蕙	풀 이름, 혜초	18	木	호 (土)	弧	활	8	木
	憲	밝힐, 깨달을	15	木		戶	집, 지게	4	木
	彗	혜성, 총명할	11	火		瓠	박, 표주박	11	木
	惠	은혜, 베풀, 어질	12	火		縞	명주	16	木
	慧	슬기로울, 지혜	15	火		號	이름, 부호, 차례	13	木
	暳	별 반짝일	15	火		号	이름, 부호, 번호	5	木
	徯	기다릴, 샛길	13	火		薧	빛	17	木
	恵	은혜	10	火		昊	하늘, 큰 모양	8	火
	憓	사랑할, 따를	16	火		晧	해돋을, 밝을	11	火
	蹊	좁은길, 지름길	17	土		儫	호걸, 귀인	16	火
	譿	슬기로울	22	金		怙	믿을, 의지할	9	火
	詥	진실한 말	11	金		皞	밝을, 화락할	15	火
	譓	슬기로울, 순할	19	金		聕	들릴, 긴 귀	13	火
호	壺	병, 단지	12	木		熩	빛날	15	火

259

발음 (오행)	한자	뜻	획수 원획	자원 오행	발음 (오행)	한자	뜻	획수 원획	자원 오행
호 (土)	顥	클, 넓을, 빛날	21	火	호 (土)	呼	부를, 숨을 내쉴	8	水
	瓳	반호	10	土		浩	넓을, 클	11	水
	犒	호궤할	14	土		淏	맑을	12	水
	嫭	아름다울	14	土		湖	호수	13	水
	嫮	아름다울	14	土		豪	호걸, 우두머리	14	水
	壕	해자, 도랑	17	土		滸	물가	15	水
	祜	복, 행복	10	金		滈	넓을, 클	16	水
	皓	흴, 깨끗할, 밝을	12	金		濩	퍼질	18	水
	琥	호박, 서옥	13	金		濠	호주, 해자, 도랑	18	水
	瑚	산호	14	金		滬	물 이름, 강 이름	15	水
	護	도울, 지킬, 보호할	21	金	혼 (土)	焜	빛날, 초목이 시드는	12	火
	頀	구할, 지킬	23	金		琿	아름다운 옥	14	金
	皞	흴, 깨끗할, 밝을	15	金	홀 (土)	笏	홀	10	木
	鎬	호경, 밝은 모양	18	金		囫	온전할	7	土

발음 (오행)	한자	뜻	획수 원획	자원 오행	발음 (오행)	한자	뜻	획수 원획	자원 오행
홍 (土)	弘	넓을, 클	5	火	화	澕	물 깊을	16	水
	烘	햇불, 불땔, 말릴	10	火	확 (土)	廓	클	14	木
	晄	날 밝을, 먼동이 틀	10	火		穫	곡식거둘, 벼 벨	19	木
	泓	물깊을, 물맑을	9	水		擴	넓힐, 늘릴	19	木
	洪	큰물, 넓을	10	水		確	확실할, 굳을	15	金
화 (土)	華	빛날, 번성할	14	木		碻	확실할, 굳을	15	金
	化	될, 변화할	4	火		鑊	가마솥	22	金
	俰	화할	10	火	환 (土)	宦	벼슬, 관직	9	木
	畫	그림	13	土		紈	흰 비단, 맺을	9	木
	畵	그림	12	土		奐	빛날, 성대할	9	木
	嬅	탐스러울, 아름다울	15	土		桓	굳셀, 클	10	木
	貨	재물, 돈, 상품	11	金		換	바꿀, 고칠	13	木
	話	말씀, 이야기	13	金		睆	가득찰, 아름다운 모양	12	木
	和	화할, 화목할	8	水		絙	끈	12	木

발음 (오행)	한자	뜻	획수 원획	자원 오행	발음 (오행)	한자	뜻	획수 원획	자원 오행
	擐	꿸, 입을	17	木		篁	대숲	15	木
	晥	환할, 밝은 별	11	火		楻	깃대	13	木
	煥	불꽃, 빛날	13	火		幌	휘장, 덥개	13	木
	懽	기뻐할	22	火		愰	마음 밝을	14	火
환 (土)	丸	둥글, 알, 방울	3	土		晃	밝을	10	火
	歡	기쁠, 사랑할	22	金		晄	밝을	10	火
	環	고리, 둥근 옥	18	金	황 (土)	恍	황홀할	10	火
	鐶	고리, 반지, 귀걸이	21	金		煌	빛날, 성할	13	火
	喚	부를, 소환할	12	水		黃	누루, 누를	12	土
	闊	넓을, 트일	17	木		媓	여자이름, 어미	12	土
활 (土)	活	살, 생기 있을	10	水		堭	전각	12	土
	豁	소통할, 열릴	17	水		隍	해자	17	土
	濶	넓을, 거칠	18	水		瑝	옥소리	14	金
황	榥	책상	14	木		貺	줄, 하사할	12	金

262

발음 (오행)	한자	뜻	획수 원획	자원 오행	발음 (오행)	한자	뜻	획수 원획	자원 오행
황 (土)	璜	패옥, 반달옥	17	金	회 (土)	誨	가르칠	14	金
	鍠	종소리, 방울	18	金		回	돌아올	6	水
	皇	임금, 클, 성할	9	金		廻	돌, 선회할	9	水
	滉	물깊고 넓을	14	水		淮	물 이름	12	水
	潢	은하수, 웅덩이	16	水		澮	봇도랑, 시내	17	水
	況	상황, 형편, 하물며	9	水		匯	물 돌아나갈	13	水
회 (土) 8766	會	모일, 모을	13	木	획	劃	그을, 나눌, 새길	14	金
	繪	그림	19	木	횡 (土)	宖	클, 집 울릴	8	木
	会	모일, 모으다	6	木		橫	가로지를, 동서	16	木
	絵	그림, 채색	12	木		鐄	종, 쇠북	20	金
	懷	품을, 생각할	20	火		鈜	쇳소리	12	金
	頮	세수할	16	火		濙	물 돌아나갈	16	水
	恢	넓을, 클	10	火	효 (土)	庨	높을, 깊을	10	木
	迴	돌아흐를	13	土		傚	본받을	12	火

발음 (오행)	한자	뜻	획수 원획	자원 오행	발음 (오행)	한자	뜻	획수 원획	자원 오행
	曉	새벽, 밝을, 깨달을	16	火		歊	즐거워할	10	火
	嶢	산이름	11	土		後	뒤, 늦을	9	火
	娆	재치있을	11	土		逅	우연히 만날	13	土
	效	본받을, 힘쓸	10	金		垕	두터울	9	土
효	斅	가르칠, 배울	20	金		厚	두터울	9	土
(土)	皛	나타날, 밝을	15	金	후	堠	돈대, 망대	12	土
	効	본받을	8	金	(土)	姁	아름다울, 할머니	8	土
	嘵	울릴, 부르짖을	17	水		珝	옥 이름	11	金
	涍	물가, 성씨	11	水		詡	자랑할, 클	13	金
	窙	높은 기운	12	水		后	왕후, 임금	6	水
	帿	제후, 과녁	12	木		煦	불, 내쉴	12	水
후	侯	제후, 임금	9	火	훈	薰	향초, 향내, 교훈	20	木
	候	기후, 계절	10	火	(土)	蕿	향풀, 향기	19	木
	煦	따뜻하게 할, 베풀	13	火		蘍	향풀, 향기	21	木

발음 (오행)	한자	뜻	획수 원획	자원 오행
훈 (土)	勛	공, 공로	12	火
	勲	공, 공훈	15	火
	勳	공훈, 거느릴	16	火
	焄	김 쐴, 향내	11	火
	熏	불길, 연기, 태울	14	火
	曛	어스레할, 석양, 황혼	18	火
	壎	질나팔, 흙	17	土
	鑂	금빛투색할	22	金
	訓	가르칠, 새길	10	金
훌	欻	문득, 재빠를	12	金
훤 (土)	暄	따뜻할, 온난할	13	火
	煊	마를, 따뜻할	13	火
	烜	마를, 따뜻할	10	火
	昍	밝을	8	火

발음 (오행)	한자	뜻	획수 원획	자원 오행
휘 (土)	揮	휘두를, 지휘할	13	木
	彙	무리	13	火
	徽	아름다울, 표기	17	火
	暉	빛, 광채, 빛날	13	火
	煇	빛날	13	火
	輝	빛날, 빛	15	火
	翬	훨훨 날	15	火
휴 (土)	携	가질, 이끌	14	木
	庥	그늘, 좋을	9	木
	休	쉴, 아름다울	6	火
	烋	아름다울, 화할	10	火
	畦	밭두둑	11	土
흔 (土)	掀	치켜들	12	木
	焮	구울	12	火

265

발음 (오행)	한자	뜻	획수 원획	자원 오행	발음 (오행)	한자	뜻	획수 원획	자원 오행
흔 (土)	昕	해돋을, 새벽	8	火	흡 (土)	歙	들이쉴, 거둘	16	金
	欣	기뻐할	8	火		吸	마실, 숨 들이쉴	7	水
	炘	화끈거릴	8	火		洽	젖을, 화할	10	水
	忻	기뻐할	8	火		噏	숨들이쉴, 거둘	15	水
흘 (土)	仡	날랠, 높을	5	火	흥	興	일어날, 기뻐할	15	土
	屹	산 우뚝솟을	6	土	희 (土)	希	바랄, 희망할	7	木
	迄	이를, 마칠	10	土		禧	복, 경사스러울	17	木
	訖	이를, 마칠, 끝날	10	金		稀	드물, 적을	12	木
흠	廞	벌여놓을	15	木		僖	기쁠, 즐길	14	火
	欽	공경할, 공손할	12	金		憘	기뻐할, 즐거울	16	火
	歆	누릴, 흠향할	13	金		晞	마를, 밝을	11	火
흡	恰	흡사할, 마치	10	火		熙	빛날	14	火
	翕	합할, 거둘	12	火		俙	비슷할	9	火
	翖	합할, 일	12	火		爔	불, 햇빛	20	火

발음 (오행)	한자	뜻	획수 원획	자원 오행	발음 (오행)	한자	뜻	획수 원획	자원 오행
	憙	기쁠, 좋을	16	火		喜	기쁠, 즐거울	12	水
	曦	햇빛	20	火		囍	쌍희, 기쁠	22	水
	熹	빛날, 밝을	16	火	희 (土)	唏	웃을	9	水
	熺	빛날, 밝을, 지을	16	火		嘻	화락할	15	水
	暿	빛날, 성할	16	火		餼	보낼, 쌀	19	水
	燨	야화, 봉화	18	火					
희 (土)	爔	불, 햇빛	20	火					
	烯	불빛	11	火					
	熙	빛날, 성할	13	火					
	熙	빛날, 일어날	13	火					
	嬉	아름다울, 즐거울	15	土					
	羲	복희씨, 사람 이름	16	土					
	嬥	기쁠	17	土					
	凞	빛날, 기쁠	14	水					

성씨별
길한수리 정렬표

성씨별 길한수리 정렬표

2 획 성씨

姓	내乃	도刀
자원	金	金

복卜	우又	역力
火	水	土

정丁
火

성씨 획수	이름 1 획수	이름 2 획수
2	1	4
2	1	5
2	1	14
2	1	15
2	1	22
2	3	3
2	3	13
2	4	1
2	4	9
2	4	11
2	4	19
2	5	1
2	5	6
2	5	11
2	5	16

성씨 획수	이름 1 획수	이름 2 획수
2	6	5
2	6	9
2	6	15
2	6	23
2	9	4
2	9	6
2	9	14
2	9	22
2	11	4
2	11	5
2	11	22
2	13	3
2	13	16
2	13	22
2	14	1

성씨 획수	이름 1 획수	이름 2 획수
2	14	9
2	14	15
2	14	19
2	14	21
2	15	1
2	15	6
2	15	14
2	15	16
2	16	5
2	16	13
2	16	15
2	16	19
2	16	23
2	19	4
2	19	14

성씨 획수	이름 1 획수	이름 2 획수
2	19	16
2	21	14
2	22	1
2	22	9
2	22	11
2	22	13
2	23	6
2	23	16

3획 성씨

姓	간干	궁弓
자원	水	火

대大	범凡	산山
木	水	土

자子	우于	천千
水	水	水

성씨 획수	이름 1 획수	이름 2 획수
3	2	3
3	2	13
3	3	2
3	3	10
3	3	12
3	3	18
3	4	4
3	4	14
3	5	8
3	5	10
3	8	5
3	8	10
3	8	13

성씨 획수	이름 1 획수	이름 2 획수
3	8	21
3	10	3
3	10	5
3	10	8
3	10	22
3	12	3
3	12	20
3	13	2
3	13	8
3	14	4
3	14	15
3	14	18
3	14	21

성씨 획수	이름 1 획수	이름 2 획수
3	15	14
3	15	20
3	18	3
3	18	14
3	18	20
3	20	12
3	20	15
3	20	18
3	21	8
3	21	14
3	22	13

4획 성씨

姓	공公	모毛
자원	金	火

목木	문文	방方
木	木	土

변卞	부夫	윤允
土	木	

원元	오午	우牛
木	火	火

姓	윤尹	인仁
자원	水	火

천天	태太	편片
火	木	木

공孔	구仇	정井
水	火	水

성씨 획수	이름1 획수	이름2 획수
4	1	2
4	1	12
4	2	1
4	2	11
4	3	4
4	3	14
4	4	3
4	4	7
4	4	9
4	4	13
4	4	17
4	4	21
4	7	4
4	7	14
4	9	2

성씨 획수	이름1 획수	이름2 획수
4	9	4
4	9	12
4	9	20
4	11	2
4	11	14
4	11	20
4	12	1
4	12	9
4	12	13
4	12	17
4	12	19
4	12	21
4	13	4
4	13	12
4	13	20

성씨 획수	이름1 획수	이름2 획수
4	14	3
4	14	7
4	14	11
4	14	17
4	14	19
4	14	21
4	17	4
4	17	12
4	17	14
4	17	20
4	19	2
4	19	12
4	19	14
4	20	1
4	20	9

성씨 획수	이름1 획수	이름2 획수
4	20	11
4	20	13
4	20	17
4	20	21
4	21	4
4	21	12
4	21	14

5획 성씨

姓	공功	구丘
자원	木	土

백白	사史	석石
金	水	金

소召	신申	옥玉
水	金	金

을지 乙支		책冊
	木	木

姓	점占	좌左
자원	水	火

평平	피皮	현玄
木	金	火

감甘	전田	빙氷
土	土	水

왕王	홍弘	태台
金	火	水

성씨 획수	이름 1 획수	이름 2 획수
5	1	2
5	1	10
5	1	12
5	2	6
5	2	11
5	2	16
5	3	8
5	3	10
5	6	2

성씨 획수	이름 1 획수	이름 2 획수
5	6	10
5	6	12
5	6	18
5	8	3
5	8	8
5	8	10
5	8	16
5	8	24
5	10	1

성씨 획수	이름 1 획수	이름 2 획수
5	10	3
5	10	6
5	10	8
5	11	2
5	12	1
5	12	6
5	12	12
5	12	20
5	13	20

성씨 획수	이름 1 획수	이름 2 획수
5	16	2
5	16	8
5	16	16
5	18	6
5	20	12
5	20	13
5	24	8

6 획 성씨

姓	노老	모牟
자원	土	土

	미米	박朴	백百
	木	木	水

	서西	안安	이伊
	金	木	火

	인印	임任	전全
	木	火	土

姓	길吉	주朱
자원	水	木

	곡曲	규圭	광光
	土	土	火

	모牟	우羽	택宅
	土	火	木

	선先	수守	유有
	木	木	水

성씨 획수	이름1 획수	이름2 획수	성씨 획수	이름1 획수	이름2 획수	성씨 획수	이름1 획수	이름2 획수	성씨 획수	이름1 획수	이름2 획수
6	1	10	6	7	25	6	11	18	6	18	7
6	1	17	6	9	2	6	12	5	6	18	11
6	2	5	6	9	9	6	12	11	6	18	15
6	2	9	6	9	23	6	12	17	6	18	17
6	2	15	6	9	26	6	12	19	6	19	10
6	2	23	6	10	1	6	12	23	6	19	12
6	5	2	6	10	5	6	15	2	6	23	2
6	5	10	6	10	7	6	15	10	6	23	9
6	5	12	6	10	15	6	15	17	6	23	10
6	5	18	6	10	19	6	15	18	6	23	12
6	5	26	6	10	23	6	17	12	6	25	10
6	7	10	6	10	25	6	17	15	6	26	5
6	7	11	6	11	7	6	17	18			
6	7	18	6	11	12	6	18	5			

7 획 성씨

姓	두杜	성成
자원	木	火

송宋	신辛	여呂
木	金	水

여余	여汝	연延
火	水	木

오吳	이李	정廷
水	木	木

姓	차車	하何
자원	火	火

강江	지池	군君
水	水	水

곡谷	보甫	판判
土	水	金

정廷	초初	효孝
木	金	土

성씨 획수	이름1 획수	이름2 획수	성씨 획수	이름1 획수	이름2 획수	성씨 획수	이름1 획수	이름2 획수	성씨 획수	이름1 획수	이름2 획수
7	1	10	7	8	17	7	11	14	7	17	8
7	1	16	7	8	24	7	14	4	7	17	14
7	4	4	7	9	8	7	14	10	7	17	24
7	4	14	7	9	16	7	14	11	7	18	6
7	6	10	7	9	22	7	14	17	7	18	14
7	6	11	7	10	1	7	14	18	7	22	9
7	6	18	7	10	6	7	16	1	7	22	10
7	8	8	7	10	8	7	16	8	7	22	16
7	8	9	7	10	14	7	16	9	7	24	1
7	8	10	7	10	22	7	16	16	7	24	8
7	8	16	7	11	6	7	16	22	7	24	17

8획 성씨

姓	경京	계季	공空	구具	기奇	김金	맹孟	명明	방房	봉奉	사舍
자원	土	水	木	金	土	金	水	火	水	水	火

姓	석昔	송松	승承	심沈	악岳	임林	종宗	주周	창昌	채采	탁卓
자원	火	木	水	水	土	木	木	水	火	木	木

姓	경庚	상尙	화和	문門	승昇	장長	판板	표表
자원	金	金	火	木	火	木	木	木

성씨 획수	이름1 획수	이름2 획수	성씨 획수	이름1 획수	이름2 획수	성씨 획수	이름1 획수	이름2 획수	성씨 획수	이름1 획수	이름2 획수
8	3	5	8	8	5	8	10	15	8	16	15
8	3	10	8	8	7	8	10	21	8	16	17
8	3	13	8	8	9	8	10	23	8	16	21
8	3	21	8	8	13	8	13	3	8	17	7
8	5	3	8	8	15	8	13	8	8	17	8
8	5	8	8	8	17	8	13	10	8	17	16
8	5	10	8	8	21	8	13	16	8	21	3
8	5	16	8	9	7	8	15	8	8	21	8
8	5	24	8	9	8	8	15	9	8	21	10
8	7	8	8	9	15	8	15	10	8	21	16
8	7	9	8	9	16	8	15	16	8	23	10
8	7	10	8	10	3	8	16	5	8	24	5
8	7	16	8	10	5	8	16	7	8	24	7
8	7	17	8	10	7	8	16	9	8	27	10
8	7	24	8	10	13	8	16	13			

9획 성씨

姓	남南	단段
자원	火	金

류柳	선宣	성星
木	木	火

언彦	우禹	위韋
火	土	金

유兪	추秋	향香
火	木	木

姓	함咸	강姜
자원	水	土

하河	준俊	정貞
水	火	金

사思	태泰	편扁
火	水	木

성씨 획수	이름1 획수	이름2 획수
9	2	4
9	2	6
9	2	14
9	4	2
9	4	4
9	4	12
9	4	20
9	6	2
9	6	9
9	6	23

성씨 획수	이름1 획수	이름2 획수
9	7	8
9	7	16
9	7	22
9	8	7
9	8	8
9	8	15
9	8	16
9	9	6
9	9	14
9	9	20

성씨 획수	이름1 획수	이름2 획수
9	12	4
9	12	12
9	12	20
9	14	2
9	14	9
9	14	15
9	15	8
9	15	14
9	15	24
9	16	7

성씨 획수	이름1 획수	이름2 획수
9	16	8
9	16	16
9	16	22
9	20	4
9	20	9
9	20	12
9	22	2
9	22	7
9	22	16
9	23	6

10획 성씨

姓	고高	골骨
자원	火	木

구俱	궁宮	당唐
金	木	水

마馬	방芳	서徐
火	木	火

손孫	예芮	원袁
水	木	木

姓	조曹	진晋
자원	土	火

진秦	창倉	하夏
木	火	火

홍洪	계桂	은殷
水	木	金

공貢	강剛	안晏
金	禁	火

성씨 획수	이름1 획수	이름2 획수
10	1	5
10	1	6
10	1	7
10	1	14
10	1	22
10	3	3
10	3	5
10	3	8
10	3	22
10	5	1
10	5	3
10	5	6
10	5	8
10	6	1

성씨 획수	이름1 획수	이름2 획수
10	6	5
10	6	7
10	6	15
10	6	19
10	6	23
10	7	1
10	7	6
10	7	8
10	7	14
10	7	22
10	8	3
10	8	5
10	8	7
10	8	13

성씨 획수	이름1 획수	이름2 획수
10	8	15
10	8	21
10	8	23
10	11	14
10	13	8
10	13	22
10	14	1
10	14	7
10	14	11
10	14	15
10	14	21
10	15	6
10	15	8
10	15	14

성씨 획수	이름1 획수	이름2 획수
10	15	22
10	15	23
10	19	6
10	19	19
10	21	8
10	21	14
10	22	1
10	22	3
10	22	7
10	22	13
10	22	15
10	23	6
10	23	8
10	23	15

11 획 성씨

姓	강康	마麻
자원	木	木

매梅	반班	방邦
木	金	土

상常	설卨	양梁
木	土	木

어魚	위尉	주珠
水	土	金

姓	장章	장將
자원	金	土

최崔	허許	호胡
土	金	水

호扈	견堅	장張
木	土	金

국國	계啓	나那
土	水	土

성씨 획수	이름1 획수	이름2 획수
11	2	4
11	2	5
11	2	22
11	4	2
11	4	14
11	4	20
11	5	2

성씨 획수	이름1 획수	이름2 획수
11	6	7
11	6	12
11	6	18
11	7	6
11	7	14
11	10	14
11	12	6

성씨 획수	이름1 획수	이름2 획수
11	12	12
11	13	24
11	14	4
11	14	7
11	14	10
11	18	6
11	20	4

성씨 획수	이름1 획수	이름2 획수
11	20	21
11	20	27
11	21	20
11	22	2
11	24	13
11	27	20

12획 성씨

姓	구邱	동童
자원	土	金

동방	東方	민閔
	木土	木

삼森	소邵	순筍
木	土	木

순舜	순淳	승勝
木	水	土

姓	유庾	정程
자원	木	木

증曾	팽彭	풍馮
火	火	火

하賀	황黃	경景
金	土	火

요堯	강強	지智
水	金	火

성씨 획수	이름1 획수	이름2 획수	성씨 획수	이름1 획수	이름2 획수	성씨 획수	이름1 획수	이름2 획수	성씨 획수	이름1 획수	이름2 획수
12	3	3	12	6	5	12	12	5	12	17	12
12	3	20	12	6	11	12	12	9	12	19	4
12	4	1	12	6	17	12	12	11	12	19	6
12	4	9	12	6	19	12	12	13	12	20	1
12	4	13	12	6	23	12	12	17	12	20	3
12	4	17	12	9	4	12	12	21	12	20	5
12	4	19	12	9	12	12	12	23	12	20	9
12	4	21	12	9	20	12	13	4	12	20	13
12	5	1	12	9	26	12	13	12	12	21	4
12	5	6	12	11	6	12	13	20	12	21	12
12	5	12	12	11	12	12	17	4	12	23	6
12	5	20	12	12	1	12	17	6	12	23	12

13 획 성씨

姓	금琴	노路
자원	金	土

목睦	가賈	사공司空
火	金	水水

신新	양楊	염廉
金	木	木

옹雍	장莊	초楚
火	木	木

성씨 획수	이름1 획수	이름2 획수
13	2	3
13	2	6
13	2	22
13	3	2
13	3	8
13	3	22
13	4	4
13	4	12
13	4	20

성씨 획수	이름1 획수	이름2 획수
13	5	20
13	8	3
13	8	8
13	8	10
13	8	16
13	8	24
13	10	8
13	10	22
13	12	4

성씨 획수	이름1 획수	이름2 획수
13	12	12
13	12	20
13	16	2
13	16	8
13	16	16
13	16	19
13	19	16
13	19	20
13	20	4

성씨 획수	이름1 획수	이름2 획수
13	20	5
13	20	12
13	22	2
13	22	3
13	22	10
13	22	26
13	26	22
13		
13		

14획 성씨

姓	공손	公孫
자원		金

국菊	기箕	단端
木	木	金

배裵	봉鳳	신愼
水	火	火

서문 西門	온溫
金木	水

姓	조趙	채菜
자원	土	木

화華	견甄	제齊
木	土	土

상嘗	계溪	석碩
水	水	金

성씨 획수	이틈1 획수	이름2 획수
14	2	1
14	2	9
14	2	15
14	2	19
14	2	21
14	2	23
14	3	4
14	3	15
14	3	18
14	3	21
14	4	3
14	4	7
14	4	11
14	4	17
14	4	19

성씨 획수	이름1 획수	이름2 획수
14	4	21
14	7	4
14	7	10
14	7	11
14	7	17
14	7	18
14	7	24
14	9	2
14	9	9
14	9	15
14	9	24
14	10	1
14	10	7
14	10	11
14	10	15

성씨 획수	이름1 획수	이름2 획수
14	10	21
14	10	23
14	11	4
14	11	7
14	11	10
14	15	2
14	15	3
14	15	9
14	15	10
14	15	18
14	17	1
14	17	4
14	17	7
14	18	3
14	18	7

성씨 획수	이름1 획수	이름2 획수
14	18	15
14	19	2
14	19	4
14	21	2
14	21	3
14	21	4
14	21	10
14	21	17
14	23	1
14	23	2
14	23	10
14	24	7
14	24	9

15획 성씨

姓	갈葛	경慶
자원	木	木

곽郭	구歐	노魯
土	火	火

동董	묵墨	유劉
木	土	金

가價	사마司馬	한漢
火	水火	水

姓	광廣	묵墨
자원	木	土

양梁	영影	표標
木	火	木

성씨 획수	이름1 획수	이름2 획수	성씨 획수	이름1 획수	이름2 획수	성씨 획수	이름1 획수	이름2 획수	성씨 획수	이름1 획수	이름2 획수
15	2	1	15	8	9	15	14	3	15	17	20
15	2	6	15	8	10	15	14	9	15	18	6
15	2	14	15	8	16	15	14	10	15	18	14
15	2	16	15	8	24	15	14	18	15	20	3
15	2	22	15	9	8	15	14	23	15	20	17
15	3	14	15	9	14	15	16	1	15	22	1
15	3	20	15	10	6	15	16	2	15	22	2
15	6	2	15	10	8	15	16	8	15	22	10
15	6	10	15	10	14	15	16	16	15	23	10
15	6	17	15	10	22	15	16	17	15	23	14
15	6	18	15	10	23	15	17	6	15	24	8
15	8	8	15	14	2	15	17	16			

16획 성씨

姓	도都	도陶
자원	土	土

도道	반潘	연燕
土	水	火

용龍	육陸	음陰
土	土	土

전錢	제諸	진陳
金	金	土

姓	황보	皇甫
자원		金水

노盧	강彊	개蓋
水	金	木

교橋	두頭	수輸
木	火	火

성씨 획수	이름1 획수	이름2 획수	성씨 획수	이름1 획수	이름2 획수	성씨 획수	이름1 획수	이름2 획수	성씨 획수	이름1 획수	이름2 획수
16	2	5	16	7	22	16	9	23	16	16	15
16	2	13	16	8	5	16	13	2	16	17	8
16	2	15	16	8	7	16	13	8	16	17	15
16	2	19	16	8	9	16	13	16	16	19	2
16	2	21	16	8	13	16	13	19	16	19	13
16	2	23	16	8	15	16	15	2	16	19	22
16	5	2	16	8	17	16	15	8	16	21	2
16	5	8	16	8	21	16	15	16	16	21	8
16	5	16	16	8	23	16	15	17	16	22	7
16	7	1	16	9	7	16	16	5	16	22	9
16	7	8	16	9	8	16	16	7	16	22	19
16	7	9	16	9	16	16	16	9	16	23	2
16	7	16	16	9	22	16	16	13	16	23	9

17 획 성씨

姓	국鞠	사謝
자원	木	金

선鮮	손遜	양陽
水	水	土

양襄	연蓮	장蔣
木	土	木

종鍾	채蔡	추鄒
金	木	土

姓	한韓	택澤
자원	金	水

성씨 획수	이름 1 획수	이름 2 획수
17	4	4
17	4	12
17	4	14
17	4	20
17	6	1
17	6	12
17	6	15
17	6	18

성씨 획수	이름 1 획수	이름 2 획수
17	7	8
17	7	14
17	7	24
17	8	7
17	8	8
17	8	16
17	12	4
17	12	6

성씨 획수	이름 1 획수	이름 2 획수
17	12	12
17	14	1
17	14	4
17	14	7
17	14	21
17	15	6
17	15	16
17	15	20

성씨 획수	이름 1 획수	이름 2 획수
17	16	8
17	16	15
17	18	6
17	20	1
17	20	4
17	20	15
17	21	14
17	24	7

18 획 성씨

姓	안顔	위魏
자원	火	火

간簡	대戴	호鎬
木	金	金

쌍雙	추鞦
火	木

성씨 획수	이름 1 획수	이름 2 획수
18	3	3
18	3	14
18	3	20
18	5	6
18	6	5

성씨 획수	이름 1 획수	이름 2 획수
18	6	7
18	6	11
18	6	15
18	6	17
18	7	6

성씨 획수	이름 1 획수	이름 2 획수
18	7	14
18	11	6
18	14	3
18	14	7
18	14	15

성씨 획수	이름 1 획수	이름 2 획수
18	15	6
18	15	14
18	17	6
18	20	3

19 획 성씨

姓	남궁	南宮
자원		火木

방龐	설薛	정鄭
土	木	土

관關	감鑑	담譚
木	金	金

온蘊
水

성씨 획수	이름1 획수	이름2 획수
19	2	4
19	2	14
19	2	16
19	4	2
19	4	12
19	4	14
19	6	10

성씨 획수	이름1 획수	이름2 획수
19	6	12
19	10	6
19	10	19
19	12	4
19	12	6
19	13	16
19	13	20

성씨 획수	이름1 획수	이름2 획수
19	14	2
19	14	4
19	14	19
19	16	2
19	16	13
19	16	22
19	18	20

성씨 획수	이름1 획수	이름2 획수
19	19	10
19	19	14
19	19	20
19	20	13
19	20	18
19	20	19
19	22	16

20 획 성씨

姓	석釋	엄嚴
자원	木	水

선우	鮮于	나羅
	水水	木

성씨 획수	이름1 획수	이름2 획수
20	3	12
20	3	15
20	3	18
20	4	1
20	4	9
20	4	11
20	4	13
20	4	17
20	4	21

성씨 획수	이름1 획수	이름2 획수
20	5	12
20	5	13
20	9	4
20	9	9
20	9	12
20	11	4
20	11	21
20	12	1
20	12	3

성씨 획수	이름1 획수	이름2 획수
20	12	5
20	12	9
20	12	13
20	13	4
20	13	5
20	13	12
20	13	19
20	15	3
20	15	17

성씨 획수	이름1 획수	이름2 획수
20	17	4
20	17	15
20	17	21
20	18	3
20	19	13
20	19	19
20	21	4
20	21	11
20	21	17

21획 성씨

姓	등藤	학鶴
자원	木	火

고顧	수隨
土	土

성씨 획수	이름1 획수	이름2 획수
21	2	6
21	2	14
21	3	8
21	3	14
21	4	4
21	4	12
21	4	14

성씨 획수	이름1 획수	이름2 획수
21	4	20
21	8	3
21	8	8
21	8	10
21	8	16
21	10	8
21	10	14

성씨 획수	이름1 획수	이름2 획수
21	11	20
21	12	4
21	12	12
21	14	2
21	14	3
21	14	4
21	14	10

성씨 획수	이름1 획수	이름2 획수
21	14	17
21	16	2
21	16	8
21	17	14
21	20	4
21	20	11
21	20	17

22 획 성씨

姓	변邊	소蘇		은隱	권權
자원	土	木		土	木

성씨 획수	이름 1 획수	이름 2 획수	성씨 획수	이름 1 획수	이름 2 획수	성씨 획수	이름 1 획수	이름 2 획수	성씨 획수	이름 1 획수	이름 2 획수
22	2	9	22	7	10	22	10	13	22	15	10
22	2	11	22	7	16	22	10	15	22	16	1
22	2	13	22	9	2	22	11	2	22	16	7
22	2	15	22	9	7	22	13	2	22	16	9
22	3	10	22	9	16	22	13	3	22	16	19
22	3	13	22	10	3	22	13	10	22	19	16
22	7	9	22	10	7	22	15	2	22	23	2

25 획 성씨

姓	독고	獨孤
자원		土水

성씨 획수	이름 1 획수	이름 2 획수
25	4	4
25	4	12
25	6	7
25	6	10
25	7	6

성씨 획수	이름 1 획수	이름 2 획수
25	7	16
25	8	8
25	10	6
25	10	13
25	10	22

성씨 획수	이름 1 획수	이름 2 획수
25	12	4
25	12	20
25	13	10
25	13	20
25	16	7

성씨 획수	이름 1 획수	이름 2 획수
25	16	16
25	20	12
25	20	13
25	22	10

31 획수 성씨

姓	제갈	諸葛
자원		金木

성씨 획수	이름 1 획수	이름 2 획수
31	2	4
31	2	6
31	2	14
31	4	2
31	4	4

성씨 획수	이름 1 획수	이름 2 획수
31	4	17
31	6	1
31	6	2
31	6	10
31	7	10

성씨 획수	이름 1 획수	이름 2 획수
31	7	14
31	8	8
31	10	6
31	10	7
31	14	2

성씨 획수	이름 1 획수	이름 2 획수
31	14	7
31	16	16
31	16	21
31	17	4
31	21	16

성씨별
한글이름 사전

발음오행이 상생되는 성씨별 한글이름 사전

필자가 정리한 [성씨별 한글이름 사전]으로 아빠 성씨에 따른
발음오행이 상생되는 한글이름을 지을 때 참고하시기 바랍니다.

목 (木) 오행 . 성씨   ㄱ . ㅋ .

　　　　김 길 기 권 국 구 곽 공 고 계 경 강   씨(氏) 등

화 (火) 오행 . 성씨   ㄴ ㄷ ㄹ ㅌ

　　　　노 나 남 도 담 두 돈 대 류 태 탁 탄

토 (土) 오행 . 성씨   ㅇ ㅎ

　　　　이 오 염 윤 양 임 안 유 한 허 홍 황

금 (金) 오행 . 성씨   ㅅ ㅈ ㅊ

　　　　서 신 송 선 석 성 전 장 정 최 차 천

수 (水) 오행 . 성씨   ㅁ ㅂ ㅍ

　　　　문 민 마 목 맹 박 백 변 방 피 편 표

[남자] 이름

[목木 오행] 성씨 .   ㄱ . ㅋ

김 길 기 권 국 구 곽 공 고 계 경 강   씨(氏)

성씨별 발음오행이 상생되는 한글이름

[남자]

낙결 낙겸 낙경 낙구 낙권 낙규 낙균 낙길 낙역 낙연 낙운 낙훈 낙한 낙호
낙현

다교 다원 다율 다헌 다형 다환 다훈 다현 다혁

대건 대경 대곤 대관 대광 대국 대권 대규 대균 대극 대근 대기 대길 대농
대능 대덕 대돈 대동 대두 대둔 대득 대등 대락 대람 대래 대려 대련 대렬
대령 대록 대률 대륭 대린 대림 대아 대안 대암 대양 대언 대연 대열 대엽
대영 대오 대옥 대완 대용 대우 대욱 대운 대웅 대원 대윤 대율 대웅 대응
대익 대인 대일 대임 대하 대한 대헌 대현 대협 대형 대호 대화 대후

덕겸 덕경 덕곤 덕관 덕광 덕교 덕구 덕권 덕규 덕균 덕근 덕금 덕기 덕길
덕남 덕녕 덕룡 덕률 덕림 덕여 덕열 덕윤 덕일 덕토 덕하 덕현 덕형 덕호
덕화 덕훈

도건 도겸 도곡 도곤 도국 도권 도규 도균 도근 도길 도림 도안 도암 도언
도연 도엽 도영 도완 도욱 도운 도웅 도윤 도율 도은 도익 도일 도한 도행
도헌 도현 도협 도환 도훈

동건 동겸 동경 동곤 동규 동근 동기 동덕 동래 동렬 동령 동률 동림 동암
동양 동언 동연 동열 동엽 동영 동오 동완 동우 동욱 동운 동원 동윤 동율

296

동은 동의 동익 동인 동일 동하 동학 동한 동헌 동혁 동현 동형 동호 동화
동후 동훈 동흠 동희

두근 두람 두련 두리 두안 두언 두연 두열 두영 두오 두완 두용 두운 두원
두윤 두율 두익 두일 두한 두해 두헌 두혁 두현 두형 두호 두화 두환 두훈

래건 래경 래광 래교 래군 래권 래균 래근 래길 래람 래름 래안 래언 래연
래열 래영 래완 래용 래욱 래원 래윤 래은 래익 래일 래혁 래헌 래현 래형
래화 래환 래훈

라윤 라율 라인 라일 라해 라현 라훈

린건 린교 린도 린용 린융 린태 린택 린하 린흠 린흥

태건 태겸 태경 태곤 태관 태국 태권 태규 태균 태근 태길 태동 태령 태랑
태령 태룡 태림 태안 태양 태언 태연 태열 태영 태온 태완 태용 태우 태욱
태웅 태원 태윤 태율 태융 태은 태익 태인 태일 태헌 태혁 태현 태협 태형
태호 태화 태환 태훈 태흥 태희

택건 택겸 택곤 택규 택균 택기 택길 택녕 택동 택림 택연 택현

민건 민겸 민경 민관 민교 민국 민규 민기 민별 민상 민서 민석 민선 민설
민성 민세 민솔 민수 민승 민재 민정 민종 민주 민준 민중 민지 민진 민찬
민창 민채

문갑 문관 문균 문기 문모 문복 문석 문섭 문성 문순 문심 문재 문종 문정
문준 문철

마건 마겸 마경 마곤 마관 마교 마국 마권 마균 마근 마금 마길 마베 마범

마병 마보 마복 마빈 마산 마상 마산 마섭 마성 마손 마송 마숙 마재 마정 마찬 마청 마총 마편 마포

미건 미겸 미청 미경 미곤 미지 미교 미권 미균 미근 미총 미중 미금 미명 미명 미몽 미범 미복 미빈 미상 미생 미서 미석 미선 미진 미설 미성 미소 미손 미솔 미송 미충 미승 미정 미종 미주

모건 모겸 모균 모근 모길 모상 모석 모선 모섬 모섭 모성 모송 모존 모준 모총 모춘 무간 무건 무결 무겸 무경 무곤 무공 무광 무교 무국 무권 무근 무금 무길 무벽 무봉 무빈 무성 무상 무석 무선 무섭 무송 무신 무재 무제 무존 무주 무중 무진 무찬 무철 무표 무필

병건 병관 병광 병구 병규 병기 병무 병묵 병문 병민 병복 병서 병세 병재 병종 병주 병준 병지 병직 병진 병찬 병창 병천 병철

박건 박걸 박겸 박경 박곤 박균 박근 박명 박민 박범 박빈 박표 박풍

배건 배겸 배곤 배권 배근 배금 배명 배목 배문 배민 배범 배복 배봉 배표 배상 배석 배섬 배섭 배성 배손 배식 배재 배제 배주 배준 배중 배진 배찬 배철

보건 보겸 보경 보곤 보국 보권 보규 보근 보금 보길 보생 보석 보선 보섭 보성 보승 보정 보종 보명 보문 보민 보범 보병 보봉 보빈 보필

복건 복걸 복균 복근 복기 복길 복모 복무 복민 복배 복범 복봉 복필

부건 부걸 부겸 부경 부곤 부관 부국 부권 부균 부근 부금 부길 부마 부명 부빈 부산 부상 부석 부선 부섬 부섭 부성 부식 부존 부찬 부천 부촌 부총 부표 부필

범건 범걸 범경 범곤 범관 범교 범국 범권 범규 범균 범근 범기 범길 범문
범빈 범상 범서 범섭 범성 범세 범손 범수 범신 범존 범주 범준 범중 범진
범찬 범창 범표 범필

비건 비겸 비경 비곤 비근 비상 비성 비송 비식 비준 비철 비묵 비민 비범
비벽 비본 비봉 비빈 비주

표건 표겸 표곤 표균 표균 표근 표명 표목 표문 표민 표배 표복 표봉 표석
표섭 표성 표식 표준 표진 표찬 표필

가덕 가렬 가록 가룡 가림 가레 가률 가람 가명 가목 가묵 가문 가민 가배
가범 가본 가빈 가태 가택 가표 가필

갑렬 갑배

간덕 간득 간렬

건돈 건득 건렬 건립 건록 건룡 건률 건륭 건립 건만 건모 건묵 건문 건민
건백 건범 건병 건보 건빈 건태 건택 건표 건필

경남 경덕 경래 경락 경록 경만 경명 경목 경묵 경민 경탁 경태 경표

계돈 계룡 계률 계림 계면 계문 계백 계범

고덕 고돈 고득 고려 고렬 고률 고택 고면 고명 고무 고번 고범 고벽 고북

교대 교득 교림 교택 교명 교모 교무 교묵 교문 교민 교범 교벽 교보 교빈

구례 구룡 구룽 구름 구립 구택 구라 구모 구몽 구민 구배 구범 구복 구본

구빈 구필

국둔 국림 국택 국명 국목 국무 국민 국배 국본 국빈 국빙

근도 근돈 근렬 근록 근룡 근률 근면 근탁 근택 근태

권면 권명 권모 권무 권민 권배 권범 권병 권복 권빈 권표 권필

규남 규도 규대 규덕 규렬 규록 규림 규만 규면 규명 규모 규목 규묵 규문
규민 규병 규배 규범 규보 규본 규빈 규태 규택 규표 규필

금동 금모 금묵 금배 금범 금병 금보 금복 금북 금비 금빈 금표 금필

기남 기대 기동 기리 기룡 기륭 기림 기만 기명 기문 기민 기보 기배 기범
기복 기빈 기탁 기태 기택 기평 기표 기필 기덕 기례 기라 기란 기령 기리
기민 기빈

[목木 오행]　　성씨　　　ㄱ　ㅋ

김　　씨(氏)

김	ㄱ 초성 . 목(木) + ㅁ 종성 . 수(水)

성씨별 발음오행이 상생되는 한글이름

[남자]

삼범 삼보 삼부 삼성 삼수 삼정 삼주 삼중 삼표

상수 상안 상언 상연 상열 상영 상오 상완 상용 상우 상웅 상원 상윤 상율
상용 상은 상인 상일 상조 상종

성섭 성수 성안 성언 성연 성열 성영 성완 성용 성우 성웅 성원 성윤 성율
성은 성일 성재 성제 성조 성주 성탁 성태 성택 성하 성형 성호 성환 성효
성후 성훈 성휘

세모 세무 세묵 세범 세보 세양 세언 세연 세열 세영 세완 세용 세운 세웅
세원 세윤 세융 세인 세일 세종 세창 세한 세헌 세현 세형 세호 세환 세훈
세휘

소목 소묵 소보 소양 소열 소율 소하 소훈

송대 송덕 송득 송락 송렬 송룡 송섭 송수 송언 송연 송열 송완 송용 송원
송윤 송인 송일 송재 송정 송주 송택 송헌 송현 송대 송덕

승락 승렬 승률 승삼 승소 승수 승안 승언 승연 승열 승영 승완 승용 승우

301

승운 승원 승윤 승은 승일 승재 승조 승종 승조 승지 승창 승채 승한 승헌
승현 승호 승환 승후 승훈

시백 시범 시복 시안 시언 시연 시열 시영 시온 시완 시용 시우 시웅 시원
시윤 시율 시은 시재 시종 시한 시헌 시현 시호 시환 시후 시훈

자모 자묵 자복 자양 자연 자열 자용 자웅 자원 자운 자인 자일 자한 자헌
자현 자형 자환 자훈

장덕 장도 장득 장락 장렬 장록 장룡 장률 장린 장삼 장상 장섭 장수 장언
장연 장열 장영 장완 장용 장우 장운 장웅 장원 장유 장윤 장율 장은 장인
장일 장재 장제 장주 장한 장헌 장현 장형 장호 장훈 장휘 장희

재모 재무 재박 재범 재복 재상 재서 재섭 재성 재수 재승 재양 재언 재연
재열 재영 재오 재완 재용 재우 재운 재웅 재원 재유 재윤 재율 재은 재응
재이 재인 재일 재정 재종 재주

점관 점규 점근 점기 점길 점복 점섭 점수 점종

정대 정덕 정동 정득 정락 정렬 정록 정룡 정상 정서 정수 정안 정양 정연
정열 정영 정온 정완 정용 정우 정운 정웅 정원 정유 정율 정은 정인 정일
정하 정한 정해 정헌 정현 정형 정호 정환 정후 정휘 정희

제모 제범 제상 제섭 제성 제수 제언 제연 제열 제영 제완 제용 제우 제운
제웅 제원 제윤 제은 제인 제정 제종 제주 제창 제헌 제현 제홍 제화 제환
제효 제후 제훈

조범 조북 조상 조성 조승 조양 조언 조연 조열 조완 조운 조웅 조원 조윤
조일 조종 조헌 조현 조형 조환 조훈

종삼 종상 종서 종섭 종성 종수 종안 종언 종연 종열 종영 종완 종용 종우
종원 종윤 종은 종인 종일 종재 종주 종하 종한 종헌 종현 종호 종환 종후
종훈 종흥 종희

주백 주범 주상 주섭 주성 주송 주승 주양 주열 주영 주오 주완 주용 주원
주윤 주일 주종 주청 주표 주하 주한 주헌 주현 주형 주호 주환 주훈 주휘

중락 중렬 중록 중룡 중섭 중성 중수 중언 중연 중열 중원 중윤 중은 중재
중종 중탁 중현 중형 중호 중화 중훈

지목 지묵 지범 지복 지상 지섭 지성 지송 지수 지안 지양 지언 지열 지완
지용 지우 지운 지웅 지원 지유 지율 지융 지일 지창 지표 지혁 지한 지헌
지현 지형 지호 지홍 지환 지황 지효 지후 지훈

창녕 창대 창덕 창도 창둔 창득 창락 창렬 창록 창룡 창률 창서 창섭 창수
창언 창연 창열 창영 창완 창용 창우 창웅 창원 창윤 창은 창인 창일 창재
창정 창제 창조 창주 창택 창하 창한 창헌 창현 창형 창호 창화 창환 창효
창훈 창희

채모 채무 채묵 채범 채수 채승 채열 채오 채완 채용 채우 채원 채윤 채인
채일 채한 채헌 채현 채형 채호 채화 채환 채효 채훈 채휘

청도 청락 청록 청룡 청률 청연 청열 청우 청원 청윤 정의 청인 청일 청하
청헌 청현 청호 청환 청훈

총덕 총독 총락 총록 총룡 총률 총성 총수 총연 총용 총우 총재 총제 총희

충득 충락 충령 충룡 충상 충수 충언 충열 충영 충완 충우 충원 충은 충일
충재 충정 충제 충종 충주 충헌 충현 충형 충호 충환 충훈 충희

치범 치성 치언 치연 치열 치영 치완 치용 치우 치원 치윤 치인 치일 치헌
치현 치형 치호 치홍 치환 치훈

[화火 오행] 성씨　ㄴ ㄷ ㄹ ㅌ

노 나 남 도 담 두 돈 대 류 태 탁 탄　　氏씨

발음오행이 상생되는 한글이름

[남자]

아덕 아돈 아득 아람 아련 아록 아룡 아률 아림 아태 아택 아언 아연 아열
아엽 아완 아용 아욱 아원 아윤 아융 아일 아학 아헌 아형 아훈 아흠 아산
아석 아선 아섭 아성 아세 아송 아식 아존 아종 아주 아준 아중 아진 아찬
아천 아촌 아총

예도 예루 예룬 예언 예온 예완 예용 예운 예율 예익 예하 예한 예헌 예호
예환 예후 예훈 예휘 예훤 예선 예섭 예성 예손 예송 예승 예신 예종 예준
예찬 예철 예춘

안덕 안동 안득 안렬 안록 안룡 안률 안탁 안택 안열 안엽 안옥 안용 안욱
안웅 안원 안윤 안은 안익 안일 안헌 안혁 안현 안협 안형 안훈 안흠 안선
안섭 안식 안제

양덕 양도 양득 양락 양렬 양록 양룡 양률 양림 양석 양선 양섭 양수 양승
양식 양언 양엽 양용 양우 양욱 양원 양윤 양익 양인 양일 양재 양종 양준
양중 양진 양찬 양천 양철 양춘 양탁 양택 양한 양헌 양혁 양현 양협 양형
양호 양훈

언덕 언동 언득 언렬 언록 언룡 언률 언성 언심 언염 언엽 언옥 언용 언욱
언웅 언원 언윤 언익 언탁 언태 언택 언헌 언혁 언현 언협 언형 언훈 언흠

305

연덕 연동 연득 연룡 연륵 연서 연석 연섭 연성 연세 연수 연엽 연용 연우
연욱 연웅 연익 연일 연재 연제 연준 연진 연철 연탁 연태 연택 연헌 연현
연협 연형 연호 연홍 연후 연훈 연휘 연흠

영낙 영남 영대 영덕 영돈 영동 영두 영돈 영득 영락 영래 영력 영렬 영록
영룡 영륜 영률 영삼 영상 영서 영석 영선 영섭 영성 영세 영수 영승 영식
영안 영언 영엽 영완 영우 영욱 영운 영웅 영원 영월 영유 영윤 영익 영인
영일 영의 영재 영전 영제 영종 영준 영진 영찬 영철 영탁 영태 영택 영학
영한 영헌 영혁 영현 영협 영호 영화 영환 영효 영훈 영하

오덕 오렬 오룡 오상 오석 오섭 오성 오수 오식 오억 오연 오엽 오영 오용
오욱 오원 오윤 오익 오인 오일 오장 오준 오진 오찬 오참 오창 오총 오춘
오택 오학 오한 오헌 오혁 오현 오형 오환 오훈

완덕 완도 완돈 완득 완락 완렬 완록 완룡 완률 완상 완세 완수 완선 완열
완엽 완용 완우 완욱 완웅 완익 완인 완일 완종 완탁 완태 완택 완혁 완헌
완현 완협 완형 완환 완훈 완휘

왕덕 왕돈 왕득 왕락 왕렬 왕렵 왕룡 왕률 왕림 왕삼 왕석 왕섭 왕식 왕연
왕열 왕엽 왕욱 왕준 왕진 왕춘 왕탁 왕택 왕희

용도 용덕 용득 용락 용렬 용록 용률 용림 용래 봉삼 용상 용석 용섭 용선
용수 용식 용안 용연 용열 용엽 용완 용우 용욱 용은 용익 용인 용운 용일
용재 용제 용조 용종 용주 용준 용직 용진 용착 용찬 용창 용재 용천 용철
용춘 용탁 용태 용택 용하 용한 용헌 용혁 용현 용형 용호 용화 용훈 용환
용희 용후

우덕 우락 우람 우렬 우록 우리 우상 우석 우섭 우성 우수 우승 우식 우언
우연 우열 우엽 우영 우용 우원 우익 우일 우재 우정 우제 우종 우주 우준

우중 우직 우진 우창 우천 우춘 우탁 우택 우학 우한 우헌 우혁 우현 우형
우호 우환 우훈

운덕 운득 운렬 운록 운룡 운열 운엽 운용 운일 운조 운종 운중 운지 운찬
운탁 운태 운택 운혁 운형 운호 운환

웅덕 웅돈 웅렬 웅록 웅림 웅석 웅선 웅섭 웅성 웅수 웅식 웅열 웅엽 웅욱
웅원 웅익 웅일 웅재 웅제 웅주 웅준 웅진 웅찬 웅채 웅춘 웅탁 웅택 웅학
웅헌 웅혁 웅현 웅호 웅훈 웅희

유덕 유돈 유득 유동 유락 유렬 유록 유룡 유상 유섭 유상 유솔 유수 유승
유식 유억 유열 유엽 유오 유온 유완 유원 유의 유익 유일 유재 유준 유진
유찬 유창 유철 유탁 유택 유한 유헌 유혁 유현 유협 유형 유호 유환 유훈

윤대 윤덕 윤도 윤돈 윤돌 윤련 윤렬 윤령 윤록 윤산 윤삼 윤상 윤서 윤석
윤섭 윤성 윤세 윤수 윤식 윤언 윤열 윤엽 윤오 윤완 윤용 윤욱 윤영 윤원
윤은 윤익 윤인 윤일 윤재 윤제 윤조 윤종 윤준 윤직 윤진 윤찬 윤철 윤탁
윤태 윤택 윤하 윤학 윤한 윤해 윤헌 윤혁 윤현 윤형 윤홍 윤황 윤후 윤훈
윤휘 윤호 윤환

은내 은대 은덕 은도 은래 은렬 은린 은림 은산 은성 은서 은석 은섭 은성
은세 은솔 은송 은승 은연 은열 은엽 은오 은용 은우 은욱 은웅 은율 은익
은일 은재 은제 은준 은진 의채 의철 은탁 은태 은택 은학 은헌 은혁 은현
은형 은호 은화 은환 은하 은후 은휘 은훈

의덕 의동 의득 의렬 의록 의룡 의률 의림 의상 의석 의선 의성 의송 의수
의승 의열 의영 의왕 의욱 의윤 의익 의인 의일 의재 의제 의정 의종 의조
의주 의준 의진 의찬 의창 의채 의철 의태 의택 의한 의헌 의혁 의현 의형
의화 의환 의훈

이남 이대 이두 이득 이락 이렬 이룡 이루 이률 이석 이섭 이수 이순 이식
이상 이안 이연 이열 이엽 이용 이욱 이윤 이일 이정 이준 이진 이찬 이천
이춘 이택 이한 이헌 이혁 이현 이협 이형 이호 이환 이훈

원삼 원상 원석 원섭 원식 원영 원오 원우 원유 원일 원임 원웅 원엽 원준
원진 원조 원찬 원철 원춘 원태 원택 원혁 원현 원호 원화 원훈 원홍 원형

인덕 인득 이락 인래 인렬 인록 인룡 인률 인상 인서 인석 인성 인세 인송
인수 인식 인열 인엽 인영 인오 인완 인용 인우 인욱 인웅 인원 인윤 인율
인의 인이 인익 인일 인재 인정 인제 인조 인종 인주 인준 인차 인창 인철
인춘 인탁 인태 인택 인하 인학 인한 인해 인행 인헌 인혁 인현 인협 인형
인호 인홍 인환 인희 인효 인후 인훈 인휘

일덕 일득 일랑 일련 일렵 일록 일룡 일열 일엽 일용 일우 일윤 일정 일재
일제 일집 일탁 일한 일해 일헌 일혁 일현 일형 일호 일환 일훈

하남 하동 하록 하룡 하림 하상 하석 하섭 하성 하손 하솔 하수 하승 하식
하신 하연 하엽 하완 하용 하욱 하운 하웅 하원 하윤 하은 하익 하인 하일
하영 하재 하정 하제 하종 하준 하진 하태 하택 하헌 하혁 하현 하형 하호
하환 하훈

한덕 한독 한래 한렬 한록 한룡 한률 한린 한림 한상 안서 한석 힌섭 한성
한세 한열 한엽 한오 한용 한욱 한웅 한윤 한율 한융 한음 한익 한인 한일
한준 한진 한탁 한태 한택 한헌 한혁 한현 한협 한형 한호 한훈 한흠

해덕 해득 해렬 해록 해룡 해률 해림 해석 해섭 해승 해식 해성 해옥 해원
해연 해열 해엽 해용 해욱 해웅 해익 해일 해진 해종 해준 해찬 해춘 해택
해형 해훈 해헌 해혁 해현 해협

허난 허담 허돈 허득 허란 허련 허렬 허룡 허률 허석 허섭 허성 허수 허승
허식 허연 허열 허엽 허욱 허웅 허익 허인 허일 허재 허제 허주 허준 허진
허창 허탁 허태 허택 허현 허형 허훈

헌덕 헌도 헌동 헌두 헌락 헌렬 헌록 헌룡 헌률 헌식 헌열 헌엽 헌용 헌우
헌욱 헌웅 헌융 헌익 헌일 헌영 헌탁 헌태 헌택 헌협 헌호

현돈 현대 현덕 현률 현서 현석 현섭 현성 현세 현식 현수 현옥 현열 현엽
현영 현오 현용 현우 현욱 현웅 현익 현인 현일 현재 현제 현준 현진 현찬
현채 현철 현탁 현태 현택 현형 현호 현후 현훈 현휘 현확

형낙 형내 형도 형돈 형두 형래 형렬 형록 형률 형석 형섭 형성 형수 형승
형식 형언 형열 형우 형욱 형웅 형은 형익 형인 형일 형오 형윤 형주 형중
형진 형찬 형철 형태 형탁 형택 형혁 형현 형협 형오 형훈

호덕 호득 호렬 호룡 호률 호림 호상 호석 호섭 호성 호세 호승 호식 호수
호일 호언 호연 호열 호엽 호영 호용 호우 호욱 호웅 호원 호율 호익 호인
호정 호중 호재 호제 호준 호진 호찬 호태 호택 호혁 호현 호훈

홍낙 홍남 홍대 홍덕 홍득 홍력 홍렬 홍록 홍룡 홍률 홍림 홍상 홍서 홍서
홍섭 홍성 홍식 홍안 홍연 홍엽 홍완 홍용 홍우 홍욱 홍웅 홍은 홍익 홍인
홍일 홍재 홍제 홍주 홍준 홍진 홍찬 홍태 홍택 홍학 홍헌 홍혁 홍현 홍협
홍훈 홍희

화동 화렵 화록 화룡 화률 화림 화섭 화수 화승 화식 화언 화열 화엽 화완
화용 화욱 화윤 화익 화인 파일 화종 화주 화준 화진 화찬 화춘 화탁 화태
화택 화헌 화혁 화현 화협 화훈

환대 환덕 환도 환득 환렬 환록 환룡 환림 환열 환엽 환오 환용 환욱 환웅

환익 환의 환인 환일 환탁 환태 환택 환혁 환호 환희

희덕 희돈 희동 희득 희락 희록 희룡 희률 희림 희상 희석 희섭 희송 희수
희성 희승 희식 희양 희언 희연 희열 희용 희원 희익 희일 희종 희준 희진
희중 희춘 희천 희탁 희택 희태 희혁 희훈

효녕 효렬 효룡 효률 효림 효상 효석 효섭 효성 효승 효식 효영 효재 효제
효종 효주 효준 효찬 효탁

후남 후덕 후득 후락 후록 후룡 후림 후상 후석 후섭 후성 후안 후연 후인
후재 후준 후진 후청 후탁 후택 후혁 후형

훈덕 훈동 훈득 훈렬 훈록 훈률 훈섭 훈성 훈서 훈식 훈상 훈열 훈용 훈익
훈일 훈재 훈철 훈태 훈택 훈헌 훈호

휘덕 휘도 휘동 휘득 휘락 휘렬 휘록 휘룡 휘률 휘삼 휘석 휘섭 휘성 휘수
휘승 휘식 휘양 휘연 휘엽 휘영 휘오 휘용 휘욱 휘익 휘인 휘재 휘제 휘종
휘주 휘준 휘진 휘찬 휘탁 휘태 휘택 휘혁 휘호 휘훈

가건 가겸 가곤 가교 가국 가규 가균 가근 가금 가길 가덕 가람 가렬 가록
가룡 가률 가림 가명 가목 가묵 가문 가민 가배 가범 가본 가봉 가빈 가태
가택 가표 가필

간국 간규 간균 간금 간덕 간득 간렬 간룡

갑교 갑국 갑규 갑근 갑배

건곤 건관 건교 건구 건국 건군 건규 건근 건길 건녕 건돈 건동 건득 건렬
건렵 건록 건룡 건률 건륭 건린 건만 건모 건묵 건문 건민 건명 건백 건범

건병 건보 건봉 건빈 건태 건택 건표 건필

겸곤 겸관 겸국 겸교 겸규 겸길

경곤 경구 경근 경남 경덕 경대 경동 경리 경락 경래 경록 경만 경명 경목
경묵 경민 경모 경배 경표

계건 계관 계광 계근 계돈 계동 계룡 계률 계림 계면 계문 계백 계범

고강 고갱 고건 고겸 고경 고관 고광 고국 고권 고균 고근 고금 고길 고남
고덕 고돈 고득 고려 고렬 고률 고면 고명 고무 고번 고범 고벽 고북 고빈
고택

곤강 곤국 곤군 곤길 곤룡 곤택

관건 관국 관규 관길 관녕 관득 관록 관룡 관림 관택

교경 교길 교대 교득 교림 교명 교모 교무 교묵 교문 교민 교번 교범 교벽
교보 교택

구권 구균 구근 구길 구례 구룡 구륭 구름 구림 구모 구몽 구민 구배 구범
구복 구본 구봉 구붕 구빈 구태 구택 구필

국감 국강 국건 국경 국곤 국권 국길 국둔 국림 국명 국목 국무 국민 국배
국본 국봉 국빈 국빙 국택

근계 근광 근국 근규 근길 근녕 근도 근돈 근렬 근록 근룡 근률 근탁 근택

권감 권경 권규 권기 권길 권면 권명 권모 권무 권민 권배 권범 권병 권복

권봉 권빈 권표 권필

규간 규갑 규강 규건 규경 규관 규군 규금 규길 규남 규대 규덕 규도 규동
규렬 규록 규림 규만 규면 규명 규모 규목 규묵 규문 규민 규배 규범 규병
규보 규본 규봉 규붕 규빈 규태 규택 규표 규필

금강 금경 금곡 금관 금국 금길 금동 금만 금모 금묵 금배 금범 금병 금보
금복 금봉 금북 금비 금빈 금표 금필

길권 길근 길금 길룡 길륭 길탁 길태

기근 기광 기권 기남 기대 기덕 기도 기동 기룡 기륭 기림 기만 기백 기명
기문 기민 기배 기범 기복 기봉 기빈 기벽 기탁 기태 기택 기평 기표 기필

균감 균강 균경 균금 균길 균돈 균렬 균룡 균탁

광득 광민 광태

낙결 낙겸 낙경 낙구 낙권 낙규 낙균 낙길 낙배 낙범 낙부 낙역 낙연 낙운
낙한 낙호 낙훈 낙환

다교 다원 다율 다헌 다혁 다현 다형 다환 다훈

대건 대경 대곤 대관 대광 대국 대권 대규 대균 대극 대근 대기 대길 대아
대안 대암 대양 대언 대연 대열 대엽 대영 대오 대옥 대완 대용 대우 대욱
대운 대웅 대원 대윤 대율 대융 대응 대익 대인 대일 대임 대하 대한 대헌
대현 대협 대형 대호 대화 대환 대후 대원 대휘 대희

덕겸 덕경 덕곤 덕관 덕광 덕교 덕구 덕권 덕규 덕균 덕근 덕금 덕기 덕길

덕여 덕우 덕윤 덕인 덕엽 덕열 덕윤 덕일 덕영 덕하 덕현 덕형 덕호 덕화 덕훈

도강 도건 도겸 도곡 도곤 도국 도권 도규 도균 도근 도길 도안 도암 도언 도연 도엽 도영 도완 도용 도욱 도운 도웅 도원 도윤 도율 도은 도익 도인 도열 도우 도후 도훈 도한 도행 도혁 도헌 도현 도협 도형 도환

동건 동경 동곤 동규 동근 동기 동길 동권 동암 동양 동언 동연 동연 동운 동열 동엽 동영 동오 동완 동우 동욱 동원 동윤 동율 동은 동의 동익 동인 동일 동하 동혁 동한 동헌 동현 동형 동호 동화 동후 동훈 동흠 동휘 동희

두근 두안 두언 두연 두열 두영 두오 두완 두용 두운 두원 두윤 두율 두익 두일 두한 두해 두혁 두헌 두현 두형 두호 두화 두환 두훈

래건 래경 래광 래교 래군 래권 래균 래근 래길 래안 래언 래연 래열 래영 래완 래용 래욱 래원 래윤 래은 래익 래일 래혁 래헌 래현 해형 래화 래환 래훈

라윤 라율 라인 라일 라해 라현 라훈

린건 린교 린용 린융 린태 린택 린하 린흠 린흥

태건 태겸 태경 태곤 태관 태국 태권 태규 태균 태근 태길 태안 태양 태언 태연 태열 태영 태온 태완 태용 태우 태욱 태원 태윤 태율 태융 태은 태익 태인 태일 태한 태헌 태혁 태현 태협 태형 태호 태화 태환 태훈 태흥 태휘 태희

택건 택겸 택곤 택규 택균 택기 택길 택연 택원 택현

313

[토土 오행]   성씨   ㅇ   ㅎ

이 오 염 윤 양 임 안 유 한 허 홍 황   씨(氏)

성씨별 발음오행이 상생되는 한글이름

[남자]

삼명 삼문 삼범 삼보 삼본 삼봉 삼부 삼석 삼성 삼손 삼수 삼식 삼열 삼영
삼용 삼정 삼주 삼준 삼중 삼진 삼천 삼표

상무 상문 상민 상빈 상석 상수 상식 상안 상언 상연 상열 상엽 상영 상오
상완 상용 상우 상욱 상웅 상원 상윤 상율 상융 상은 상익 상인 상일 상조
상종 상준 상직 상진 상찬 상천 상철 상학 상혁 상한 상헌 상현 상협 상형
상호 상환 상훈

서목 서묵 서문 서민 서범 서본 서봉 서빈 서열 서완 서용 서우 서욱 서웅
서익 서일 서정 서종 서주 서준 서진 서필 서혁 서한 서헌 서현 서환 서후
서훈

성민 성범 성보 성봉 성빈 성섭 성수 성실 성안 성언 성연 성열 성엽 성영
성완 성용 성우 성욱 성웅 성원 성윤 성율 성은 성일 성재 성제 성조 성주
성준 성진 성찬 성하 성혁 성한 성헌 성현 성협 성형 성호 성환 성효 성후
성훈 성휘

세명 세모 세무 세묵 세민 세범 세보 세본 세봉 세빈 세양 세언 세연 세열
세엽 세영 세완 세용 세욱 세운 세웅 세원 세윤 세융 세익 세인 세일 세준
세진 세찬 세창 세종 세철 세풍 세필 세학 세혁 세한 세헌 세현 세형 세호
세환 세훈 세휘

소망 소명 소목 소묵 소문 소민 소보 소본 소봉 소빈 소솔 소신 소양 소열
소엽 소율 소익 소준 소진 소하 소혁 소훈

송무 송민 송빈 송석 송섭 송수 송숙 송언 송연 송열 송엽 송완 송용 송욱
송원 송윤 송익 송인 송일 송재 송정 송주 송준 송진 송찬 송학 송혁 송헌
송현 송협 송형 송환 송훈

수명 수묵 수문 수민 수범 수본 수봉 수빈 수상 수석 수성 수식 수안 수양
수언 수열 수엽 수영 수완 수용 수웅 수원 수인 수일 수정 수종 수준 수찬
수창 수철 수필 수혁 수한 수헌 수현 수형 수호 수오 수홍 수환 수훈

승민 승범 승봉 승삼 승소 승수 승식 승안 승언 승연 승열 승엽 승영 승완
승용 승우 승욱 승운 승원 승윤 승은 승익 승일 승재 승조 승주 승준 승지
승진 승찬 승창 승채 승철 승춘 승필 승학 승혁 승한 승헌 승현 승호 승환
승후 승훈

시명 시묵 시문 시민 시백 시범 시복 시본 시봉 시빈 시안 시언 시연 시열
시엽 시영 시온 시완 시용 시우 시욱 시웅 시원 시윤 시율 시은 시익 시일
시재 시종 시준 시진 시찬 시필 시혁 시한 시헌 시현 시호 시환 시후 시훈

석만 석무 석문 석민 석빈 석준 석진 석현 석훈

장삼 장상 장석 장선 장섭 장수 장식 장억 장언 장연 장열 장엽 장영 장완
장용 장우 장욱 장운 장웅 장원 장유 장윤 장율 장은 장익 장인 장일 장재
장제 장주 장준 장진 장찬 장천 장철 장학 장혁 장헌 장현 장형 장호 장훈
장휘 장희

재명 재모 재무 재면 재박 재범 재병 재복 재본 재봉 재빈 재상 재서 재석
재선 재섭 재성 재수 재승 재식 재양 재억 재언 재연 재열 재엽 재영 재오

재옥 재완 재용 재우 재욱 재운 재웅 재원 재유 재윤 재율 재은 재응 재이
재익 재인 재일 재정 재종 재주 재준 재진 재찬 재천 재하 재학 재혁 재한
재헌 재현 재협 재형 재호 재홍 재화 재환 재효 재훈 재휘

점민 점복 점석 점선 점섭 점수 점식 점종 점필 점호

정민 정배 정범 정보 정빈 정상 정서 정석 정수 정식 정안 정양 정연 정열
정엽 정영 정온 정완 정용 정우 정욱 정운 정웅 정원 정유 정윤 정율 정은
정익 정인 정일 정재 정준 정진 정철 정찬 정춘 성하 징희 정혁 정한 정해
정헌 정현 정협 정형 정호 정희 정후 정훈 정휘

제범 제병 제봉 제빈 제상 제석 제섭 제성 제수 제식 제억 제언 제연 제열
제엽 제영 제완 제용 제우 제욱 제운 제웅 제원 제윤 제은 제익 제인 제정
제종 제주 제준 제진 제찬 제창 제학 제헌 제현 제협 제호 제홍 제화 제환
제휴 제후 제훈

자면 자명 자모 자묵 자문 자민 자복 자본 자양 자연 자열 자용 자욱 자웅
자원 자익 자인 자일 자준 자혁 자한 자헌 자현 자협 자형 자환 자훈

조면 조명 조묵 조민 조범 조본 조봉 조북 조빈 조석 조성 조승 조식 조양
조언 조연 조열 조엽 조완 조욱 조운 조웅 조원 조윤 조일 조종 조준 조찬
조평 조풍 조필 조혁 조헌 조현 조형 조환 조훈

종만 종명 종모 종무 종문 종민 종배 종범 종보 종부 종빈 종삼 종상 종서
종석 종선 종섭 종성 종솔 종수 종식 종안 종언 종연 종열 종엽 종영 종완
종용 종우 종욱 종원 종윤 종은 종익 종인 종일 종재 종주 종준 종찬 종철
종표 종하 종학 종혁 종한 종헌 종현 종협 종형 종호 종환 종후 종훈 종흥
종희

316

주만 주명 주몽 주묵 주문 주민 주백 주범 주본 주봉 주빈 주상 주석 주선
주섭 주성 주송 주승 주식 주신 주양 주열 주엽 주영 주오 주완 주용 주욱
주원 주윤 주익 주일 주종 주준 주찬 주청 주표 주필 주하 주학 주혁 주한
주헌 주현 주형 주호 주화 주환 주훈 주휘

준만 준면 준명 준묵 준민 준배 준범 준보 준빈 준상 준서 준석 준선 준섭
준성 준수 준식 준연 준열 준영 준오 준용 준우 준욱 준원 준익 준일 준재
준철 준표 준필 준하 준학 준혁 준한 준해 준헌 준현 준형 준호 준화 준환
준휘

중석 중선 중섭 중성 중수 중식 중언 중연 중열 중엽 중욱 중원 중윤 중은
중익 중재 중종 중준 중찬 중천 중혁 중현 중협 중형 중호 중화 중후 중훈

지만 지명 지목 지몽 지묵 지문 지민 지범 지복 지본 지봉 지빈 지산 지상
지석 지섭 지성 지송 지수 지안 지양 지언 지열 지엽 지완 지용 지우 지욱
지운 지웅 지원 지유 지율 지융 지음 지일 지찬 지창 지춘 지표 지학 지혁
지한 지함 지헌 지현 지협 지형 지호 지홍 지환 지황지효 지후 지훈 지흠

진명 진모 진목 진무 진문 진범 진복 진상 진서 진석 진섭 진성 진세 진수
진실 진영 진오 진옥 진완 진용 진우 진욱 진찬 진철 진표 진하 진학 진혁
진한 진헌 진현 진형 진호 진화 진환 진휘 진희

찬무 찬민 찬복 찬빈 찬서 찬성 찬솔 찬송 찬열 찬엽 찬영 찬오 찬용 찬우
찬운 찬율 찬익 찬필 찬하 찬행 찬혁 찬현 찬호 찬훈 찬휘 찬희

창모 창묵 창민 창범 창보 창서 창석 창선 창섭 창수 창식 창언 창연 창열
창엽 창영 창옥 창완 창용 창우 창욱 창웅 창원 창윤 창은 창익 창인 창일
창재 창정 창제 창조 창주 창준 창진 창하 창혁 창한 창헌 창현 창협 창형
창호 창화 창환 창훈 창효 창희

317

채만 채명 채모 채무 채묵 채문 채민 채범 채본 채봉 채빈 채수 채승 채열
채엽 채오 채완 채용 채우 채원 채윤 채익 채인 채일 채준 채학 채혁 채한
채헌 채현 채형 채호 채화 채환 채효 채훈 채휘

청범 청연 청열 청우 청원 청윤 청의 청인 청일 청하 청학 청헌 청현 청호
청환 청훈

총서 총성 총수 총연 총용 총우 총재 총제 총준 총진 총희

충상 충석 충섭 충수 충식 충언 충연 충열 충엽 충영 충완 충우 충원 충은
충일 충재 충정 충제 충종 충주 충진 충찬 충학 충혁 충헌 충현 충형 충호
충환 충훈 충희

치민 치범 치빈 치성 치언 치연 치열 치염 치영 치완 치용 치우 치욱 치원
치윤 치인 치일 치헌 치현 치형 치호 치홍 치환 치훈

찬무 찬민 찬빈 찬서 찬석 찬선 찬성 찬우 찬욱 찬율 찬일 찬휘 찬희

낙결 낙겸 낙경 낙구 낙권 낙규 낙균 낙길 낙역 낙연 낙운 낙한 낙현 낙호
낙훈 낙환

다교 다원 다율 다헌 다혁 다현 다형 다환 다훈

대건 대경 대곤 대관 대광 대국 대권 대규 대균 대극 대근 대기 대길 대아
대안 대암 대양 대언 대연 대열 대엽 대영 대오 대옥 대완 대용 대우 대욱
대운 대웅 대원 대윤 대율 대융 대응 대익 대인 대일 대임 대하 대한 대헌
대현 대협 대형 대호 대화 대환 대후 대훤 대휘 대희

덕겸 덕경 덕곤 덕관 덕광 덕교 덕구 덕권 덕규 덕균 덕근 덕금 덕기 덕길

덕여 덕우 덕윤 덕인 덕엽 덕열 덕윤 덕일 덕영 덕하 덕현 덕형 덕호 덕화
덕훈

도강 도건 도겸 도곡 도곤 도국 도권 도규 도균 도근 도길 도안 도암 도언
도연 도엽 도영 도완 도용 도욱 도운 도웅 도원 도윤 도율 도은 도익 도인
도열 도우 도후 도훈 도한 도행 도혁 도헌 도현 도협 도형 도환

동건 동경 동곤 동규 동근 동기 동길 동권 동암 동양 동언 동연 동연 동운
동열 동엽 동영 동오 동완 동우 동욱 동원 동윤 동율 동은 동의 동익 동인
동일 동하 동혁 동한 동헌 동현 동형 동호 동화 동후 동훈 동흠 동휘 동희

두근 두안 두언 두연 두열 두영 두오 두완 두용 두운 두원 두윤 두율 두익
두일 두한 두해 두혁 두헌 두현 두형 두호 두화 두환 두훈

래건 래경 래광 래교 래군 래권 래균 래근 래길 래안 래언 래연 래열 래영
래완 래용 래욱 래원 래윤 래은 래익 래일 래혁 래헌 래현 해형 래화 래환
래훈

라윤 라율 라인 라일 라해 라현 라훈 린건 린교 린용 린융 린태 린택 린하
린흠 린흥

태건 태겸 태경 태곤 태관 태국 태권 태규 태균 태근 태길 태안 태양 태언
태연 태열 태영 태온 태완 태용 태우 태욱 태원 태윤 태율 태용 태은 태익
태인 태일 태한 태헌 태혁 태현 태협 태형 태호 태화 태환 태훈 태흥 태휘
태희

택건 택겸 택곤 택규 택균 택기 택길 택연 택원 택현

아덕 아돈 아득 아란 아람 아련 아록 아룡 아룰 아리 아린 아림 아산 아서

아석 아선 아섭 아성 아세 아송 아식 아존 아종 아주 아준 아중 아진 아찬 아천 아촌 아총 아태 아택

예도 예루 예륜 예선 예섭 예성 예손 예송 예승 예신 예종 예준 예찬 예철 예춘

안덕 안동 안득 안렬 안록 안룡 안률 안선 안섭 안식 안제 안탁 안택

양덕 양도 양득 양락 양렬 양록 양룡 양률 양림 양석 양선 양섭 양수 양승 양식 양재 양종 양준 양중 양진 양찬 양천 양철 양춘 양택 양택

언태 언택

연수 연재 연제 연준 연진 연철 연탁 연태 연택

영래 영력 영렬 영록 영룡 영륜 영률 영삼 영상 영서 영석 영선 영섭 영성 영세 영수 영승 영식 영재 영전 영제 영종 영준 연진 영찬 영탁 영태 영택

오덕 오렬 오룡 오상 오석 오섭 오성 오수 오식 오장 오준 오진 오찬 오참 오총 오춘 오택

완덕 완도 완돈 완득 완락 완렬 완록 완룡 완률 완상 완세 완수 완송 완탁 완태 완택

왕덕 왕돈 왕득 왕락 왕렬 왕렵 왕룡 왕률 왕림 왕삼 왕석 왕섭 왕식 왕준 왕진 왕춘 왕탁 왕택

용덕 용득 용락 용렬 용록 용률 용림 용삼 용상 용석 용섭 용성 용수 용식 용재 용제 용조 용종 용주 용준 용직 용진 용착 용찬 용창 용채 용천 용철

용춘 용탁 용태 용택

우덕 우락 우람 우렬 우록 우리 우상 우석 우섭 우성 우수 우승 우식 우재
우정 우제 우종 우주 우준 우중 우직 우진 우찬 우창 우천 우춘 우탁 우택

웅덕 웅돈 웅렬 웅록 웅림 웅석 웅선 웅섭 웅성 웅수 웅식 웅재 웅제 웅주
웅준 웅진 웅찬 웅채 웅춘 웅탁 웅택

유덕 유돈 유득 유락 유렬 유록 유룡 유상 유섭 유성 유솔 유수 유성 유식
유신 유재 유준 유진 유찬 유창 유철 유탁 유택

윤대 윤덕 윤도 윤돈 윤돌 윤련 윤렬 윤령 윤록 윤산 윤삼 윤상 윤서 윤석
윤섭 윤성 윤세 윤수 윤식 윤재 윤제 윤조 윤종 윤준 윤직 윤진 윤찬 윤철
윤탁 윤태 윤택

은내 은대 은덕 은도 은래 은렬 은린 은림 은산 은상 은서 은석 은섭 은성
은세 은솔 은송 은승 은식 은재 은제 은준 은진 은찬 은창 은채 은탁 은태
은택

의덕 의동 의득 의렬 의록 의룡 의률 의림 의상 의석 의선 의성 의송 의수
의승 의재 의정 의제 의조 의주 의준 의진 의찬 의창 의채 의철 의태 의택

이남 이대 이두 이득 이락 이렬 이룡 이루 이률 이산 이석 이섭 이수 이순
이식 이정 이준 이진 이찬 이천 이춘 이택

원삼 원상 원석 원섭 원식 원준 원진 원찬 원철 원춘 원태 원택

인덕 인득 인락 인래 인렬 인록 인룡 인률 인상 인서 인석 인성 인세 인송
인수 인식 인재 인정 인제 인조 인종 인주 인준 인차 인창 인철 인춘 인탁

인태 인택

일덕 일득 일랑 일련 일렵 일록 일룡 일정 일제 일집 일탁

하남 하동 하록 하룡 하림 하상 하석 하섭 하성 하손 하솔 하수 하승 하식 하신 하재 하정 하제 하종 하준 하진 하태 하택

한덕 한독 하래 한렬 한록 한룡 한률 한린 한림 한서 한석 한섭 한성 한세 한재 한준 한진 한탁 한태 한택

해덕 해득 해렬 해록 해룡 해률 해림 해석 해섭 해승 해식 해준 해찬 해춘 해택

허난 허담 허돈 허득 허란 허련 허렬 허룡 허률 허석 허섭 허성 허수 허승 허식 허재 허제 허주 허준 허진 허창 허탁 허태 허택

헌덕 헌도 헌동 헌두 헌락 헌렬 헌록 헌룡 헌률 헌탁 헌태 헌택

현대 현덕 현도 현률 현산 현서 현석 현섭 현성 현세 현승 현식 현재 현제 현종 현준 현진 현찬 현창 현탁 현태 현택

형낙 형내 형도 형돈 형두 형래 형렬 형록 형률 형석 형섭 형성 형수 형승 형식 형주 형중 형진 형찬 형천 형철 형탁 형택

호덕 호득 호렬 호룡 호률 호림 호상 호석 호섭 호성 호세 호승 호식 호재 호준 호찬

혁주 혁준 혁중 혁진 혁철

홍찬 홍태 홍택

화동 화렵 화록 화룡 화률 화림 화섭 화수 화승 화식 화종 화주 화준 화진
화찬 화춘 화탁 화태 화택

환대 환덕 환도 환득 환렬 환록 환룡 환림 환탁 환태 환택

희덕 희돈 희동 희득 희락 희록 희룡 희률 희림 희상 희석 희섭 희선 희수
희승 희식 희종 희준 희진 희춘 희탁 희택 희혁 희훈

효녕 효렬 효룡 효률 효림 효산 효상 효석 효섭 효성 효승 효식 효재 효제
효종 효주 효준 효찬 효창 효탁

후남 후덕 후득 후락 후록 후룡 후림 후상 후석 후섭 후성 후재 후준 후진
후청 후탁 후택

훈덕 훈동 훈득 훈렬 훈록 훈률 훈태 훈택

휘덕 휘도 휘동 휘득 휘락 휘렬 휘록 휘룡 휘률 휘삼 휘석 휘섭 휘성 휘수
휘승 휘식 휘재 휘제 휘종 휘주 휘준 휘진 휘찬 휘탁 휘태 휘택

[금金 오행] 성씨   ㅅ ㅈ ㅊ

서 신 송 선 석 성 전 장 정 최 차 천   씨(氏)

성씨별 발음오행이 상생되는 한글이름

[남자]

마건 마겸 마경 마곤 마관 마교 마국 마권 마균 마근 마금 마길 마배 마범
마병 마보 마복 마빈 마산 마상 마선 마섭 마성 마손 마송 마숙 마재 마정
마찬 마청 마총 마편 마평 마포

명곤 명구 명국 명규 명민 명성 명세 명수 명식 명재 명제 명준 명진 명찬

모건 모겸 모경 모균 모근 모길 모상 모석 모선 모섬 모섭 모성 모송 모존
모준 모종 모춘

목권 목근 목길 목민 목범 목봉

무간 무건 무결 무겸 무경 무곤 무공 무광 무교 무국 무권 무근 무금 무길
무벽 무봉 무빈 무상 무석 무선 무섭 무송 무신 무재 무제 무존

문갑 문관 문균 문기 문모 문복 문석 문섭 문성 문순 문심 문재 문종 문준
문철

미견 미겸 미곤 미교 미권 미균 미근 미금 미범 미복 미상 미생 미석 미선
미성 미송 미종 미주 미중 미지 미청 미총 미충

민건 민겸 민관 민교 민국 민규 민근 민기 민상 민서 민석 민성 민세 민수

민승 민재 민종 민주 민준 민진 민찬 민창 민철

박건 박걸 박겸 박경 박곤 박균 박근 박명 박민 박범 박빈 박성 박표 박풍

배건 배겸 배곤 배권 배근 배금 배명 배목 배문 배민 배범 배복 배봉 배상
배석 배섬 배섭 배성 배손 배식 배재 배제 배주 배준 배중 배진 배찬 배철
배표

범건 범걸 범경 범계 범곤 범관 범교 범국 범권 범규 범근 범기 범길 범분
범민 범빈 범상 범서 범섭 범성 범세 범손 범수 범신 범주 범준 범증 범진
범찬 범창 범필

병건 병관 병광 병구 병규 병기 병무 병묵 병문 병민 병복 병서 병세 병재
병종 병주 병준 병지 병직 병진 병찬 병창 병천 병철

보건 보겸 보경 보곤 보국 보권 보규 보근 보금 보길 보만 보명 보문 보민
보범 보병 보봉 보빈 보생 보석 보선 보섭 보성 보승 보정 보종 보필

복건 복걸 복규 복균 복근 복기 복길 복만 복모 복무 복민 복배 복범 복봉
복솔 복식 복재 복주 복진 복찬 복필

부건 부걸 부겸 부경 부곤 부관 부광 부국 부권 부균 부근 부금 부길 부마
부명 부목 부묵 부문 부민 부배 부범 부벽 부병 부본 부봉 부빈 부산 부상
부석 부선 부섬 부섭 부성 부식 부전

비건 비겸 비경 비곤 비근 비묵 비민 비범 비벽 비본 비봉 비빈 비빈 비상
비성 비송 비식 비주 비준 비철

범모 범재 범제 범주 범준 범진

표건 표겸 표곤 표군 표균 표규 표근 표명 표목 표문 표민 표배 표복 표봉
표석 표섭 표성 표식 표준 표진 표찬 표필

아덕 아돈 아득 아람 아련 아록 아룡 아률 아림 아태 아택 아언 아연 아열
아엽 아완 아용 아욱 아원 아윤 아융 아일 아학 아헌 아형 아훈 아흠 아산
아석 아선 아섭 아성 아세 아송 아식 아존 아종 아주 아준 아중 아진 아찬
아천 아촌 아총

예도 예루 예룬 예언 예온 예완 예용 예운 예율 예익 예하 예한 예헌 예호
예환 예후 예훈 예휘 예훤 예선 예섭 예성 예손 예송 예승 예신 예종 예준
예찬 예철 예춘

안덕 안동 안득 안렬 안록 안룡 안률 안탁 안택 안열 안엽 안옥 안용 안욱
안웅 안원 안윤 안은 안익 안일 안헌 안혁 안현 안협 안형 안훈 안흠 안선
안섭 안식 안제

양덕 양도 양득 양락 양렬 양록 양룡 양률 양림 양석 양선 양섭 양수 양승
양식 양언 양엽 양용 양우 양욱 양원 양윤 양익 양인 양일 양재 양종 양준
양중 양진 양찬 양천 양철 양춘 양탁 양택 양한 양헌 양혁 양현 양협 양형
양호 양훈

언덕 언동 언득 언렬 언록 언룡 언률 언성 언심 언염 언엽 언옥 언용 언욱
언웅 언원 언윤 언익 언탁 언태 언택 언헌 언혁 언현 언협 언형 언훈 언흠

연덕 연동 연득 연룡 연록 연서 연석 연섭 연성 연세 연수 연엽 연용 연우
연욱 연웅 연익 연일 연재 연제 연준 연진 연철 연탁 연태 연택 연헌 연현
연협 연형 연호 연홍 연후 연훈 연휘 연흠

영낙 영남 영대 영덕 영돈 영동 영두 영돈 영득 영락 영래 영력 영렬 영록

영룡 영륜 영률 영삼 영상 영서 영석 영선 영섭 영성 영세 영수 영승 영식
영안 영언 영엽 영완 영우 영욱 영운 영웅 영원 영월 영유 영윤 영익 영인
영일 영의 영재 영전 영제 영종 영준 영진 영찬 영철 영탁 영태 영택 영학
영한 영헌 영혁 영현 영협 영호 영화 영환 영효 영훈 영하

오덕 오렬 오룡 오상 오석 오섭 오성 오수 오식 오억 오연 오엽 오영 오용
오욱 오원 오윤 오익 오인 오일 오장 오준 오진 오찬 오참 오창 오총 오춘
오택 오학 오한 오헌 오혁 오현 오형 오환 오훈

완덕 완도 완돈 완득 완락 완렬 완록 완룡 완률 완상 완세 완수 완선 완열
완엽 완용 완우 완욱 완웅 완익 완인 완일 완종 완탁 완태 완택 완혁 완헌
완현 완협 완형 완환 완훈 완휘

왕덕 왕돈 왕득 왕락 왕렬 왕렵 왕룡 왕률 왕림 왕삼 왕석 왕섭 왕식 왕연
왕열 왕엽 왕욱 왕준 왕진 왕춘 왕탁 왕택 왕희

용도 용덕 용득 용락 용렬 용록 용률 용림 용래 용삼 용상 용석 용섭 용성
용수 용식 용안 용연 용열 용엽 용완 용우 용욱 용은 용익 용인 용운 용일
용재 용제 용조 용종 용주 용준 용직 용진 용착 용찬 용창 용재 용천 용철
용춘 용탁 용태 용택 용하 용한 용헌 용혁 용현 용형 용호 용화 용훈 용환
용희 용후

우덕 우락 우람 우렬 우록 우리 우상 우석 우섭 우성 우수 우승 우식 우언
우연 우열 우엽 우영 우용 우원 우익 우일 우재 우정 우제 우종 우주 우준
우중 우직 우진 우창 우천 우춘 우탁 우택 우학 우한 우헌 우혁 우현 우형
우호 우환 우훈

운덕 운득 운렬 운록 운룡 운열 운엽 운용 운일 운조 운종 운중 운지 운찬
운탁 운태 운택 운혁 운형 운호 운환

웅덕 웅돈 웅렬 웅록 웅림 웅석 웅선 웅섭 웅성 웅수 웅식 웅열 웅엽 웅욱
웅원 웅익 웅일 웅재 웅제 웅주 웅준 웅진 웅찬 웅채 웅춘 웅탁 웅택 웅학
웅헌 웅혁 웅현 웅호 웅훈 웅희

유덕 유돈 유득 유동 유락 유렬 유록 유룡 유상 유섭 유상 유솔 유수 유승
유식 유억 유열 유엽 유오 유온 유완 유원 유의 유익 유일 유재 유준 유진
유찬 유창 유철 유탁 유택 유한 유헌 유혁 유현 유협 유형 유호 유환 유훈

윤대 윤덕 윤도 윤돈 윤돌 윤련 윤렬 윤령 윤록 윤산 윤삼 윤상 윤서 윤석
윤섭 윤성 윤세 윤수 윤식 윤언 윤열 윤엽 윤오 윤완 윤용 윤욱 윤영 윤원
윤은 윤익 윤인 윤일 윤재 윤제 윤조 윤종 윤준 윤직 윤진 윤찬 윤철 윤탁
윤태 윤택 윤하 윤학 윤한 윤해 윤헌 윤혁 윤현 윤형 윤홍 윤황 윤후 윤훈
윤휘 윤호 윤환

은내 은대 은덕 은도 은래 은렬 은린 은림 은산 은성 은서 은석 은섭 은성
은세 은솔 은송 은승 은연 은열 은엽 은오 은용 은우 은욱 은웅 은율 은익
은일 은재 은제 은준 은진 의채 의철 은탁 은태 은택 은학 은헌 은혁 은현
은형 은호 은화 은환 은하 은후 은휘 은훈

의덕 의동 의득 의렬 의록 의룡 의률 의림 의상 의석 의선 의성 의송 의수
의승 의열 의영 의왕 의욱 의윤 의익 의인 의일 의재 의제 의정 의종 의조
의주 의준 의진 의찬 의창 의채 의철 의태 의택 의한 의헌 의혁 의현 의형
의화 의환 의훈

이남 이대 이두 이득 이락 이렬 이룡 이루 이률 이석 이섭 이수 이순 이식
이상 이안 이연 이열 이엽 이용 이욱 이윤 이일 이정 이준 이진 이찬 이천
이춘 이택 이한 이헌 이혁 이현 이협 이형 이호 이환 이훈

원삼 원상 원석 원섭 원식 원영 원오 원우 원유 원일 원임 원웅 원엽 원준

원진 원조 원찬 원철 원춘 원태 원택 원혁 원현 원호 원화 원훈 원홍 원형

인덕 인득 인락 인래 인렬 인록 인룡 인률 인상 인서 인석 인성 인세 인송
인수 인식 인열 인엽 인영 인오 인완 인용 인우 인욱 인웅 인원 인윤 인율
인의 인이 인익 인일 인재 인정 인제 인조 인종 인주 인준 인차 인창 인철
인춘 인탁 인태 인택 인하 인학 인한 인해 인행 인헌 인혁 인현 인협 인형
인호 인홍 인환 인희 인효 인후 인훈 인휘

일덕 일득 일랑 일련 일렵 일록 일룡 일열 일엽 일용 일우 일윤 일정 일재
일제 일집 일탁 일한 일해 일헌 일혁 일현 일형 일호 일환 일훈

하남 하동 하록 하룡 하림 하상 하석 하섭 하성 하손 하솔 하수 하승 하식
하신 하연 하엽 하완 하용 하욱 하운 하웅 하원 하윤 하은 하익 하인 하일
하영 하재 하정 하제 하종 하준 하진 하태 하택 하헌 하혁 하현 하형 하호
하환 하훈

한덕 한독 한래 한렬 한록 한룡 한률 한린 한림 한상 한서 한석 한섭 한성
한세 한열 한엽 한오 한용 한욱 한웅 한윤 한율 한융 한음 한익 한인 한일
한준 한진 한탁 한태 한택 한헌 한혁 한현 한협 한형 한호 한훈 한흠

해덕 해득 해렬 해록 해룡 해률 해림 해석 해섭 해승 해식 해성 해옥 해원
해연 해열 해엽 해용 해욱 해웅 해익 해일 해진 해종 해준 해찬 해춘 해택
해형 해훈 해헌 해혁 해현 해협

허난 허담 허돈 허득 허란 허련 허렬 허룡 허률 허석 허섭 허성 허수 허승
허식 허연 허열 허엽 허욱 허웅 허익 허인 허일 허재 허제 허주 허준 허진
허창 허탁 허태 허택 허현 허형 허훈

헌덕 헌도 헌동 헌두 헌락 헌렬 헌록 헌룡 헌률 헌식 헌열 헌엽 헌용 헌우

헌욱 헌웅 헌융 헌익 헌일 헌영 헌탁 헌태 헌택 헌협 헌호

현돈 현대 현덕 현률 현서 현석 현섭 현성 현세 현식 현수 현옥 현열 현엽
현영 현오 현용 현우 현욱 현웅 현익 현인 현일 현재 현제 현준 현진 현찬
현채 현철 현탁 현태 현택 현형 현호 현후 현훈 현휘 현확

형낙 형내 형도 형돈 형두 형래 형렬 형록 형률 형석 형섭 형성 형수 형승
형식 형언 형열 형우 형욱 형웅 형은 형익 형인 형일 형오 형윤 형주 형중
형진 형찬 형철 형태 형탁 형택 형혁 형현 형협 형오 형훈

호덕 호득 호렬 호룡 호률 호림 호상 호석 호섭 호성 호세 호승 호식 호수
호일 호언 호연 호열 호엽 호영 호용 호우 호욱 호웅 호원 호율 호익 호인
호정 호중 호재 호제 호준 호진 호찬 호태 호택 호혁 호현 호훈

홍낙 홍남 홍대 홍덕 홍득 홍력 홍렬 홍록 홍룡 홍률 홍림 홍상 홍서 홍서
홍섭 홍성 홍식 홍안 홍연 홍엽 홍완 홍용 홍우 홍욱 홍웅 홍은 홍익 홍인
홍일 홍재 홍제 홍주 홍준 홍진 홍찬 홍태 홍택 홍학 홍헌 홍혁 홍현 홍협
홍훈 홍희

화동 화렵 화록 화룡 화률 화림 화섭 화수 화승 화식 화언 화열 화엽 화완
화용 화욱 화윤 화익 화인 파일 화종 화주 화준 화진 화찬 화춘 화탁 화태
화택 화헌 화혁 화현 화협 화훈

환대 환덕 환도 환득 환렬 환록 환룡 환림 환열 환엽 환오 환용 환욱 환웅
환익 환의 환인 환일 환탁 환태 환택 환혁 환호 환희

희덕 희돈 희동 희득 희락 희록 희룡 희률 희림 희상 희석 희섭 희송 희수
희성 희승 희식 희양 희언 희연 희열 희용 희원 희익 희일 희종 희준 희진
희중 희춘 희천 희탁 희택 희태 희혁 희훈

효녕 효렬 효룡 효률 효림 효상 효석 효섭 효성 효승 효식 효영 효재 효제
효종 효주 효준 효찬 효탁

후남 후덕 후득 후락 후록 후룡 후림 후상 후석 후섭 후성 후안 후연 후인
후재 후준 후진 후청 후탁 후택 후혁 후형

훈덕 훈동 훈득 훈렬 훈록 훈률 훈섭 훈성 훈서 훈식 훈상 훈열 훈용 훈익
훈일 훈재 훈철 훈태 훈택 훈헌 훈호

휘덕 휘도 휘동 휘득 휘락 휘렬 휘록 휘룡 휘률 휘삼 휘석 휘섭 휘성 휘수
휘승 휘식 휘양 휘연 휘엽 휘영 휘오 휘용 휘욱 휘익 휘인 휘재 휘제 휘종
휘주 휘준 휘진 휘찬 휘탁 휘태 휘택 휘혁 휘호 휘훈

삼명 삼문 상범 삼보 삼본 삼봉 삼부 삼열 삼영 삼용 삼표

상무 상문 상민 상빈 상안 상언 상연 상열 상엽 상영 상오 상완 상용 상우
상욱 상웅 상원 상윤 상율 상융 상은 상익 상인 상일 상학 상한 상혁 상헌
상현 상협 상형 상호 상환 상훈 상흠

서목 서묵 서문 서민 서범 서본 서봉 서빈 서열 서완 서원 서용 서우 서욱
서웅 서익 서일 서필 서한 서혁 서헌 서현 서환 서후 서훈

성민 성범 성보 성봉 성빈 성안 성언 성연 성열 성엽 성영 성완 성용 성우
성욱 성웅 성원 성윤 성율 성은 성일 성하 성한 성혁 성헌 성현 성협 성형
성호 성화 성효 성후 성훈 성휘

세명 세모 세무 세묵 세민 세범 세보 세본 세빈 세양 세언 세연 세열 세엽
세영 세완 세용 세욱 세운 세응 세원 세윤 세융 세익 세인 세일 세풍 세필
세학 세한 세혁 세헌 세현 세형 세호 세환 세훈 세휘

소망 소명 소목 소묵 소문 소민 소보 소본 소봉 소빈 소양 소열 소엽 소율
소익 소하 소혁 소훈

송무 송민 송빈 송언 송연 송열 송엽 송완 송용 송욱 송원 송윤 송익 송인
송일 송학 송혁 송헌 송현 송협 송형 송환 송훈

수명 수묵 수문 수민 수범 수본 수봉 수빈 수안 수양 수언 수열 수엽 수영
수오 수완 수용 웅오 수원 수인 수일 수필 수한 수혁 수헌 수현 수형 수호
수홍 수환 수훈

승민 승범 승봉 승안 승언 승연 승열 승엽 승영 승완 승용 승우 승욱 승운
승원 승윤 승은 승익 승일 승필 승학 승한 승혁 승헌 승현 승호 승환 승후
승훈

석만 석무 석문 석민 석빈 석현 석훈

시명 시묵 시문 시민 시백 시범 시복 시본 시봉 시빈 시안 시언 시연 시열
시엽 시영 시온 시완 시용 시우 시욱 시웅 시원 시윤 시율 시익 시은 시일
시필 시한 시혁 시헌 시현 시호 시환 시후 시훈

자면 자명 자모 자묵 자문 자민 자복 자본 자양 자연 자열 자용 자욱 자웅
자원 자익 자인 자일 자한 자혁 자헌 자현 사섭 자형 지훤 자훈

장억 장언 장연 장열 장엽 장영 장완 장용 장우 장욱 장운 장웅 장원 장유
장윤 장율 장은 장익 장인 장일 장학 장한 장혁 장헌 장현 장형 장호 장훈
장휘 장희

재명 재모 재무 재민 재박 재범 재병 재복 재본 재봉 재빈 재양 재억 재언
재연 재열 재엽 재영 재오 재옥 재완 재용 재우 재욱 재운 재웅 재원 재유

재윤 재율 재은 재응 재이 재익 재인 재일 재표 재필 재하 재학 재한 재혁
재헌 재현 재협 재형 재호 재홍 재화 재환 재효 재후 재휘 재훈

점민 점복 점필 점호

제마 제명 제모 제민 제범 제병 제빈 제억 제언 제연 제열 제엽 제영 제완
제용 제우 제욱 제운 제웅 제원 제윤 제은 제익 제인 제필 제학 제한 제혁
제헌 제현 제협 제호 제홍 제화 제환 제효 제후 제훈

조면 조명 조묵 조민 조범 조본 조봉 조북 조빈 조양 조언 조연 조열 조엽
조완 조욱 조운 조웅 조원 조윤 조일 조평 조풍 조필 조혁 조헌 조현 조형
조환 조훈

종만 종명 종모 종무 종문 종민 종배 종범 종보 종부 종빈 종안 종언 종연
종열 종엽 종영 종완 종용 종우 종욱 종원 종윤 종은 종익 종인 종일 종표
종하 종학 종한 종혁 종헌 종현 종협 종형 종호 종환 종후 종훈 종흥 종희

주만 주명 주몽 주묵 주문 주민 주백 주범 주본 주빈 주양 주열 주엽 주영
주오 주완 주용 주욱 주원 주윤 주익 주일 주표 주필 주하 주학 주혁 주한
주헌 주현 주형 주호 주화 주환 주훈 주휘

준만 준면 준명 준묵 준민 준배 준범 준보 준빈 준연 준열 준영 준오 준영
준우 준욱 준원 준익 준익 준일 준표 준필 준하 준학 준혁 준한 준해 준헌
준현 준형 준호 준효

중언 중연 중열 중엽 중욱 중원 중윤 중은 중익 중일 중완 중후 중한 중혁
중헌 중현 중협 중형 중호 중화 중훈

지만 지명 지목 지몽 지묵 지문 지민 지범 지복 지본 지봉 지빈 지안 지양

지언 지열 지엽 지완 지용 지우 지욱 지운 지웅 지원 지유 지율 지융 지음
지일 지표 지학 지혁 지한 지헌 지현 지함 지협 지형 지호 지홍 지환 지황
지효 지후 지훈 지흠

진명 진목 진무 진문 진범 진복 진영 진오 진옥 진완 진용 진우 진욱 진표
진하 진학 진혁 진한 진한 진형 진호 진화 진환 진휘 진희

정만 정민 정빈 정웅 정혁 정한 정헌 정현 정후 정훈

창묵 창민 창범 창보 창언 창연 창열 창엽 창영 창옥 창완 창용 창우 창욱
창웅 창원 창윤 창은 창익 창인 창일 창하 창혁 창한 창헌 창현 창협 창형
창호 창화 창환 창효 창훈 창희

채만 채명 채모 채무 채묵 채문 채민 채범 채본 채봉 채빈 채열 채엽 채오
채완 채용 채우 채원 채윤 채익 채인 채일 채학 채혁 채한 채헌 채현 채형
채호 채화 채환 채효 채훈 채휘

청범 청연 청열 청우 청원 청윤 청의 청인 청일 청하 청학 청헌 청현 청호
청환 청훈

충언 충열 충엽 충영 충완 충우 충원 충은 충일 충학 충혁 충헌 충현 충형
충호 충환 충훈 충희

총연 총용 총우 총희

치민 치범 치빈 치언 치언 치열 치염 치영 치완 치용 치우 치욱 치원 치윤
치인 치일 치혁 치헌 치현 치형 치호 치홍 치환 치훈

찬무 찬민 찬복 찬빈 찬열 찬엽 찬영 찬오 찬용 찬우 찬운 찬율 찬익 찬필

찬하 찬행 찬혁 찬헌 찬현 찬형 찬호 찬훈 찬휘 찬희

[금金 오행]   성씨   ㅅ ㅈ ㅊ

송 . 성 . 장 . 정   씨(氏)

초성 금(金) ㅅ . ㅈ + 종성 토(土) ㅇ

성씨별 발음오행이 상생되는 한글이름

[남자]

낙결 낙겸 낙구 낙권 낙규 낙균 낙길 낙배 낙범 낙부

다교 다원 다율 다혁 다헌 다현 다형 다환 다훈

대건 대곤 대관 대국 대권 대규 대균 대극 대근 대기 대길 대아 대안 대양
대언 대연 대열 대영 대오 대완 대용 대우 대운 대웅 대원 대윤 대율 대융
대응 대인 대일 대택 대하 대한 대헌 대현 대형 대호 대화 대환 대후 대원
대희

덕겸 덕곤 덕관 덕교 덕구 덕권 덕규 덕균 덕근 덕금 덕기 덕길 덕녕 덕룡
덕률 덕토

도건 도겸 도곡 도곤 도국 도권 도규 도균 도근 도길 도안 도언 도연 도영
도완 도용

두운 도웅 도원 도윤 도율 도은 도일 도한 도행 도혁 도헌 도현 도형 도환

동덕 동래 동렬 동령 동률 동양 동언 동연 동열 동영 동오 동완 동우 동원

동윤 동율 동은 동의 동인 동일 동하 동혁 동한 동헌 동현 동형 동호 동화 동후 동훈 동희

두근 두련 두리 두안 두언 두연 두열 두영 두오 두완 두용 두운 두원 두윤 두율 두일 두한 두해 두혁 두헌 두현 두형 두호 두화 두환 두훈

래건 래교 래군 래권 래균 래근 래길 래안 래언 래연 래열 래영 래완 래용 래원 래윤 래은 래일 래혁 래헌 래현 래형 래화 래환 래훈

라윤 라율 라인 라일 라해 라현 라훈

린건 린교 린도 린용 린태 린택 린하 린흥

태건 태겸 태곤 태관 태국 태권 태규 태균 태근 태길 태동 태안 태양 태언 태연 태열 태영 태온 태완 태용 태우 태욱 태원 태윤 태율 태융 태은 태인 태일 태혁 태한 태헌 태현 태형 태호 태화 태환 태훈 태흥 태희

택건 택겸 택곤 택규택균 택기 택길 택녕 택동

[수水 오행]　　성씨　　　ㅁ　ㅂ　ㅍ

목 문 민 마 맹 박 백 변 방 피 편 표　　　씨(氏)

성씨별 발음오행이 상생되는 한글이름

[남자]

가건 가겸 가곤 가교 가국 가규 가균 가근 가금 가길 가덕 가람 가렬 가록
가룡 가률 가림 가명 가목 가묵 가문 가민 가배 가범 가본 가봉 가빈 가태
가택 가표 가필

간국 간규 간균 간금 간덕 간득 간렬 간룡

갑교 갑국 갑규 갑근 갑배

건곤 건관 건교 건구 건국 건군 건규 건근 건길 건녕 건돈 건동 건득 건렬
건렵 건록 건룡 건률 건륭 건린 건만 건모 건묵 건문 건민 건명 건백 건범
건병 건보 건봉 건빈 건태 건택 건표 건필

겸곤 겸관 겸국 겸교 겸규 겸길

경곤 경구 경근 경남 경덕 경대 경동 경리 경락 경래 경록 경만 경명 경목
경묵 경민 경모 경배 경표

계건 계관 계광 계근 계돈 계동 계룡 계률 계림 계면 계문 계백 계범

고강 고갱 고건 고겸 고경 고관 고광 고국 고권 고균 고근 고금 고길 고남
고덕 고돈 고득 고려 고렬 고률 고면 고명 고무 고번 고범 고벽 고북 고빈

고택

곤강 곤국 곤군 곤길 곤룡 곤택

관건 관국 관규 관길 관녕 관득 관록 관룡 관림 관택

교경 교길 교대 교득 교림 교명 교모 교무 교묵 교문 교민 교번 교범 교벽
교보 교택

구권 구균 구근 구길 구례 구룡 구륭 구름 구림 구모 구몽 구민 구배 구범
구복 구본 구봉 구붕 구빈 구태 구택 구필

국감 국강 국건 국경 국곤 국권 국길 국둔 국림 국명 국목 국무 국민 국배
국본 국봉 국빈 국빙 국택

근계 근광 근국 근규 근길 근녕 근도 근돈 근렬 근록 근룡 근률 근탁 근택

권감 권경 권규 권기 권길 권면 권명 권모 권무 권민 권배 권범 권병 권복
권봉 권빈 권표 권필

규간 규갑 규강 규건 규경 규관 규군 규금 규길 규남 규대 규덕 규도 규동
규렬 규록 규림 규만 규면 규명 규모 규목 규묵 규문 규민 규배 규범 규병
규보 규본 규봉 규붕 규빈 규태 규택 규표 규필

금강 금경 금곡 금관 금국 금길 금동 금만 금모 금묵 금배 금범 금병 금보
금복 금봉 금북 금비 금빈 금표 금필

길권 길근 길금 길룡 길륭 길탁 길태

기근 기광 기권 기남 기대 기덕 기도 기동 기룡 기륭 기림 기만 기백 기명
기문 기민 기배 기범 기복 기봉 기빈 기벽 기탁 기태 기택 기평 기표 기필

균감 균강 균경 균금 균길 균돈 균렬 균룡 균탁

광득 광민 광태

삼명 삼문 삼범 삼보 삼본 삼봉 삼부 삼석 삼성 삼손 삼수 삼식 삼열 삼영
삼용 삼정 삼주 삼준 삼중 삼진 삼천 삼표

상무 상문 상민 상빈 상석 상수 상식 상안 상언 상연 상열 상엽 상영 상오
상완 상용 상우 상욱 상웅 상원 상윤 상율 상융 상은 상익 상인 상일 상조
상종 상준 상직 상진 상찬 상천 상철 상학 상혁 상한 상헌 상현 상협 상형
상호 상환 상훈

서목 서묵 서문 서민 서범 서본 서봉 서빈 서열 서완 서용 서우 서욱 서웅
서익 서일 서정 서종 서주 서준 서진 서필 서혁 서한 서헌 서현 서환 서후
서훈

성민 성범 성보 성봉 성빈 성섭 성수 성실 성안 성언 성연 성열 성엽 성영
성완 성용 성우 성욱 성웅 성원 성윤 성율 성은 성일 성재 성제 성조 성주
성준 성진 성찬 성하 성혁 성한 성헌 성현 성협 성형 성호 성환 성효 성후
성훈 성휘

세명 세모 세무 세묵 세민 세범 세보 세본 세봉 세빈 세양 세언 세연 세열
세엽 세영 세완 세용 세욱 세운 세웅 세원 세윤 세융 세익 세인 세일 세준
세진 세찬 세창 세종 세철 세풍 세필 세학 세혁 세한 세헌 세현 세형 세호
세환 세훈 세휘

소망 소명 소목 소묵 소문 소민 소보 소본 소봉 소빈 소솔 소신 소양 소열 소엽 소율 소익 소준 소진 소하 소혁 소훈

송무 송민 송빈 송석 송섭 송수 송숙 송언 송연 송열 송엽 송완 송용 송욱 송원 송윤 송익 송인 송일 송재 송정 송주 송준 송찬 송학 송혁 송헌 송현 송협 송형 송환 송훈

수명 수묵 수문 수민 수범 수본 수봉 수빈 수상 수석 수성 수식 수안 수양 수언 수열 수엽 수영 수완 수용 수웅 수원 수인 수일 수정 수종 수준 수찬 수창 수철 수필 수혁 수한 수헌 수현 수형 수호 수오 수홍 수환 수훈

승민 승범 승봉 승삼 승소 승수 승식 승안 승언 승연 승열 승엽 승영 승완 승용 승우 승욱 승운 승원 승윤 승은 승익 승일 승재 승조 승주 승준 승지 승진 승찬 승창 승채 승철 승춘 승필 승학 승혁 승한 승헌 승현 승호 승환 승후 승훈

시명 시묵 시문 시민 시백 시범 시복 시본 시봉 시빈 시안 시언 시연 시열 시엽 시영 시온 시완 시용 시우 시욱 시웅 시원 시윤 시율 시은 시익 시일 시재 시종 시준 시진 시찬 시필 시혁 시한 시헌 시현 시호 시환 시후 시훈

석만 석무 석문 석민 석빈 석준 석진 석현 석훈

장삼 장상 장석 장선 장섭 장수 장식 장억 장언 장연 장열 장엽 장영 장완 장용 장우 장욱 장운 장웅 장원 장유 장윤 장율 장은 장익 장인 장일 장재 장제 장주 장준 장진 장찬 장천 장철 장학 장혁 장헌 장현 장형 장호 장훈 장휘 장희

재명 재모 재무 재면 재박 재범 재병 재복 재본 재봉 재빈 재상 재서 재석 재선 재섭 재성 재수 재승 재식 재양 재억 재언 재연 재열 재엽 재영 재오

재옥 재완 재용 재우 재욱 재운 재웅 재원 재유 재윤 재율 재은 재응 재이
재익 재인 재일 재정 재종 재주 재준 재진 재찬 재천 재하 재학 재혁 재한
재헌 재현 재협 재형 재호 재홍 재화 재환 재효 재훈 재휘

점민 점복 점석 점선 점섭 점수 점식 점종 점필 점호

정민 정배 정범 정보 정빈 정상 정서 정석 정수 정식 정안 정양 정연 정열
정엽 정영 정온 정완 정용 정우 정욱 정운 정웅 정원 정유 정윤 정율 정은
정익 정인 정일 정재 정준 정진 정철 정찬 정춘 정하 정학 정혁 정한 정해
정헌 정현 정협 정형 정호 정희 정후 정훈 정휘

제범 제병 제봉 제빈 제상 제석 제섭 제성 제수 제식 제억 제언 제연 제열
제엽 제영 제완 제용 제우 제욱 제운 제웅 제원 제윤 제은 제익 제인 제정
제종 제주 제준 제진 제찬 제창 제학 제헌 제현 제협 제호 제홍 제화 제환
제휴 제후 제훈

자면 자명 자모 자묵 자문 자민 자복 자본 자양 자연 자열 자용 자욱 자웅
자원 자익 자인 자일 자준 자혁 자한 자헌 자현 자협 자형 자환 자훈

조면 조명 조묵 조민 조범 조본 조봉 조북 조빈 조석 조성 조승 조식 조양
조언 조연 조열 조엽 조완 조욱 조운 조웅 조원 조윤 조일 조종 조준 조찬
조평 조풍 조필 조혁 조헌 조현 조형 조환 조훈

종만 종명 종모 종무 종문 종민 종배 종범 종보 종부 종빈 종삼 종상 종서
종석 종선 종섭 종성 종솔 종수 종식 종안 종언 종연 종열 종엽 종영 종완
종용 종우 종욱 종원 종윤 종은 종익 종인 종일 종재 종주 종준 종찬 종철
종표 종하 종학 종혁 종한 종헌 종현 종협 종형 종호 종환 종후 종훈 종흥
종희

주만 주명 주몽 주묵 주문 주민 주백 주범 주본 주봉 주빈 주상 주석 주선
주섭 주성 주송 주승 주식 주신 주양 주열 주엽 주영 주오 주완 주용 주욱
주원 주윤 주익 주일 주종 주준 주찬 주청 주표 주필 주하 주학 주혁 주한
주헌 주현 주형 주호 주화 주환 주훈 주휘

준만 준면 준명 준묵 준민 준배 준범 준보 준빈 준상 준서 준석 준선 준섭
준성 준수 준식 준연 준열 준영 준오 준용 준우 준욱 준원 준익 준일 준재
준철 준표 준필 준하 준학 준혁 준한 준해 준헌 준현 준형 준호 준화 준환
준휘

중석 중선 중섭 중성 중수 중식 중언 중연 중열 중엽 중욱 중원 중윤 중은
중익 중재 중종 중준 중찬 중천 중혁 중현 중협 중형 중호 중화 중후 중훈

지만 지명 지목 지몽 지묵 지문 지민 지범 지복 지본 지봉 지빈 지산 지상
지석 지섭 지성 지송 지수 지안 지양 지언 지열 지엽 지완 지용 지우 지욱
지운 지웅 지원 지유 지율 지융 지음 지일 지찬 지창 지춘 지표 지학 지혁
지한 지함 지헌 지현 지협 지형 지호 지홍 지환 지황 지효 지후 지훈 지흠

진명 진모 진목 진무 진문 진범 진복 진상 진서 진석 진섭 진성 진세 진수
진실 진영 진오 진옥 진완 진용 진우 진욱 진찬 진철 진표 진하 진학 진혁
진한 진헌 진현 진형 진호 진화 진환 진휘 진희

찬무 찬민 찬복 찬빈 찬서 찬성 찬솔 찬송 찬열 찬엽 찬영 찬오 찬용 찬우
찬운 찬율 찬익 찬필 찬하 찬행 찬혁 찬현 찬호 찬훈 찬휘 찬희

창모 창묵 창민 창범 창보 창서 창석 창선 창섭 창수 창식 창언 창연 창열
창엽 창영 창옥 창완 창용 창우 창욱 창웅 창원 창윤 창은 창익 창인 창일
창재 창정 창제 창조 창주 창준 창진 창하 창혁 창한 창헌 창현 창협 창형
창호 창화 창환 창훈 창효 창희

채만 채명 채모 채무 채묵 채문 채민 채범 채본 채봉 채빈 채수 채승 채열
채엽 채오 채완 채용 채우 채원 채윤 채익 채인 채일 채준 채학 채혁 채한
채헌 채현 채형 채호 채화 채환 채효 채훈 채휘

청범 청연 청열 청우 청원 청윤 청의 청인 청일 청하 청학 청헌 청현 청호
청환 청훈

총석 총성 총수 총연 총용 총우 총재 총제 총준 총진 총희

충상 충석 충섭 충수 충식 충언 충연 충열 충엽 충영 충완 충우 충원 충은
충일 충재 충정 충제 충종 충주 충진 충찬 충학 충혁 충헌 충현 충형 충호
충환 충훈 충희

치민 치범 치빈 치성 치언 치연 치열 치염 치영 치완 치용 치우 치욱 치원
치윤 치인 치일 치헌 치현 치형 치호 치홍 치환 치훈

찬무 찬민 찬빈 찬서 찬석 찬선 찬성 찬우 찬욱 찬율 찬일 찬휘 찬희

민건 민겸 민관 민교 민국 민규 민기 민상 민서 민석 민설 민성 민세 민솔
민수 민승 민재 민종 민주 민준 민중 민진 민찬 민창 민채

문갑 문관 문균 문기 문석 문섭 문성 문순 문심 문재 문정 문종 문준 문철

마건 마겸 마경 마곤 마관 마교 마국 마권 마균 마근 마금 마길 마산 마상
마선 마섭 마성 마손 마송 마재 마정 마찬 마청 마총

모건 모겸 모균 모근 모길 모상 모석 모선 모섬 모섭 모성 모송 모존 모준
모총 모춘

344

무간 무건 무결 무겸 무경 무곤 무공 무광 무교 무국 무권 무근 무금 무길
무상 무석 무선 무섭 무성 무송 무신 무재 무제 무존 무주 무중 무진 무찬
무철

미건 미겸 미곤 미교 미권 미균 미근 미금 미상 미생 미석 미선 미송 미종
미중 미청 미총 미충

병건 병관 병광 병구 병규 병기 병서 병세 병재 병종 병주 병준 병지 병직
병진 병찬 병창 병천 병철

박건 박걸 박겸 박경 박곤 박균 박근

배건 배겸 배곤 배권 배근 배금 배상 배석 배섬 배섭 배성 배손 배식 배재
배제 배주 배준 배중 배진 배찬 배철

보건 보겸 보경 보곤 보국 보권 보규 보근 보금 보길 보생 보석 보선 보섭
보성 보승 보정 보종

복건 복걸 복균 복근 복기 복길

부건 부걸 부겸 부경 부곤 부관 부국 부권 부균 부근 부금 부길 부산 부상
부석 부선 부섬 부섭 부성 부식 부존 부찬 부천 부촌 부총

범건 범걸 범경 범곤 범관 범교 범국 범권 범규 범균 범근 범기 범길 범상
범서 범섭 범성 범세 범손 범수 범신 범존 범주 범준 범증 범진 범찬 범창

비건 비겸 비경 비곤 비근 비상 비성 비송 비식 비준 비철

표건 표겸 표곤 표균 표균 표근 표석 표섭 표성 표식 표준 표진 표찬

[수水 오행]   성씨   ㅁ ㅂ ㅍ

목 박 백   씨(氏)

초성 수(水) ㅁ . ㅂ + 종성 목(木) ㄱ

성씨별 발음오행이 상생되는 한글이름

[남자]

낙결 낙겸 낙구 낙권 낙규 낙균 낙길 낙배 낙범 낙부 낙표

다교 다원 다율 다헌 다현 다형 다환 다훈

대건 대국 대권 대규 대균 대극 대근 대기 대길 대농 대능 대덕 대돈 대동
대두 대둔 대득 대등 대락 대래 대려 대련 대렬 대령 대록 대룡 대륙 대륜
대률 대륭 대린 대아 대안 대양 대언 대연 대열 대영 대오 대완 대용 대우
대운 대웅 대원 대윤 대율 대융 대응 대인 대일 대하 대한 대헌 대현 대형
대호 대화 대후

덕겸 덕곤 덕관 덕교 덕구 덕권 덕규 덕균 덕근 덕금 덕기 덕길 덕녕 덕룡
덕률 덕모 덕목 덕무 덕묵 덕배 덕범 덕보 덕부 덕토 덕표

도건 도겸 도곡 도곤 도국 도권 도규 도균 도근 도길 도안 도언 도연 도영
도완 도욱 도운 도웅 도원 도윤 도율 도은 도일 도한 도행 도혁 도헌 도현
도형 도후 도훈 도환

동건 동곤 동규 동근 동기 동덕 동래 동렬 동령 동률 동양 동언 동연 동열

동영 동오 동완 동우 동원 동윤 동율 동은 동의 동익 동인 동일 동하 동혁
동한 동헌 동현 동형 동호 동화 동후 동훈 동희

두근 두련 두리 두안 두언 두연 두열 두영 두오 두완 두용 두운 두원 두윤
두율 두일 두혁 두한 두해 두헌 두현 두형 두호 두화 두환 두훈

래건 래교 래군 래권 래균 래근 래길 래안 래언 래연 래열 래영 래완 래용
래원 래윤 래은 래일 래혁 래헌 래현 래형 래화 래환 래훈

린건 린교 린도 린용 린웅 린태 린택 린하 린흥

라윤 라율 라인 라일 라해 라현 라훈

태건 태겸 태곤 태관 태국 태권 태규 태균 태근 태길 태동 태랑 태령 태룡
태안 태양 태언 태연 태열 태영 태온 태완 태용 태우 태원 태윤 태율 태융
태은 태인 태일 태혁 태하 태한 태헌 태현 태형 태호 태화 태환 태훈 태흥
태희

택건 택겸 태곤 택규 택균 택기 택길 택녕 택동 택연 택헌 택현

[여자] 이름

[목木 오행] 성씨 .   ㄱ . ㅋ

김 길 기 권 국 구 곽 공 고 계 경 강   씨(氏)

성씨별 발음오행이 상생되는 한글이름

[여자]

노영 노희 노아 노은 노연 노현 노윤 노훈 노유

나겸 나경 나규 나금 나길 나라 나람 나래 나리 나림 나애 나언 나연 나영
나온 나원 나윤 나율 나은 나인 나임 나현 나혜 나홍 나휘 나희

다겸 다린 다림 다애 다언 다연 다영 다옥 다운 다원 다윤 다융 다은 다인
다한 다현 다효 다흠 다흥 다희 다교 다혜 다예 다율 다아 다완 다원 다운
다해 다현 다안 다온

덕겸 덕경 덕례 덕혜 덕희

도겸 도경 도균 도언 도연 도영 도원 도윤 도융 도은 도인 도현 도휘 도희
도헌 도란 도람 도운

동덕 동림 동애 동연 동원 동은 동이 동희 동인

두란 두례 두린 두애 두연 두영 두예 두오 두윤 두은 두이 두혜 두희 두나
두리 두아 두원

리원 리아 리예 리혜 리안 리영 리연 리나 리애 리온 리은

래영 래경 래교 애언 래연 래윤 래원 래은 래한 래현

루아 루안 루연 루원 루현 루영 루완 루리 루이 루희

라애 라영 라원 라윤 라현 라희 라율 라연 라임 라일 라혜 라인 라온

린다 린도 린애 린하

태경 태란 태린 태림 태안 태언 태연 태영 태원 태윤 태은 태이 태현 태휘 태희 태라 태랑 태리 태림 태양

민교 민경 민서 민선 민설 민솔 민주 민정 민지 민채

무겸 무경 무교 무금 무성 무송 무신 무진

보겸 보경 보금 보선 보성 보송 보정 보미 보민

부겸 부경 부선 부성

가란 가림 가명 가문 가민 가본

경란 경림 경미 경분

규나 규도 규란 규림 규리 규린 규미 규빈 규분

금나 금다 금림 금모 금빈

기덕 기례 기라 기란 기령 기리 기민 기빈

김　　씨(氏)

김	ㄱ 초성 . 목(木)　+　ㅁ 종성 . 수(水)

성씨별 발음오행이 상생되는 한글이름

[여자]

상란 상련 상례 상연 상영 상원 상윤 상은 상주 상현 상혜 상화 상휘 상희

서아 서완 서애 서연 서영 서예 서우 서원 서윤 서율 서은 서인 서주 서하 서현 서혜 서홍 서화 서효 서희

소아 소안 소양 소연 소영 소예 소원 소윤 소율 소은 소이 소인 소정 소하 소현 소화 소휘 소희

송덕 송도 송란 송령 송수 송아 송애 송연 송영 송윤 송이 송주 송하 송현 송혜 송휘 송희

수미 수성 수아 수애 수연 수영 수예 수운 수원 수윤 수이 수인 수정 수지 수하 수해 수향 수현 수혜 수홍 수화 수휘 수희

승란 승령 승례 승수 승아 승애 승언 승연 승영 승우 승원 승윤 승은 승이 승재 승제 승주 승지 승해 승현 승해 승홍 승효 승휘 승희

시상 시성 시아 시양 시언 시연 시영 시예 시우 시원 시윤 시율 시은 시인 시하 시한 시현 시홍

재벽 재서 재아 재언 재연 재영 재원 재윤 재율 재은 재이 재인 재정 재하
재현 재홍 재화 재효 재휘 재희

정득 정란 정수 정아 정애 정언 정언 정영 정완 정우 정원 정윤 정은 정인
정재 정제 정주 정현 정혜 정화 정효 정휘 정희

제아 제언 제연 제영 제우 제원 제윤 제은 제이 제인 제희

종덕 종득 종란 종령 종례 종수 종심 종아 종애 종연 종영 종원 종윤 종은
종인 종주 종하 종화 종휘 종흥 종희

자묵 자배 자성 자양 자언 자연 자영 자원 자윤 자은 자인 자현 자휘

주비 주수 주아 주안 주애 주연 주영 주예 주운 주원 주윤 주은 주이 주일
주하 주해 주현 주혜 주화 주휘 주희

지무 지미 지성 지수 지아 지안 지애 지양 지언 지연 지영 지예 지우 지원
지유 지윤 지율 지은 지인 지해 지향 지현 지혜 지홍 지화 지효 지휘 지희

채이 채언 채연 채영 채우 채원 채유 채윤 채율 채은 채인 채정 채하 채현
채휘 채희

청수 청아 청애 청연 청윤 청주 청하 청해 청현 청혜 청화 청휘 청희

초아 초애 초연 초영 초예 초원 초윤 초율 초은 초이 초하 초현 초혜 초휘
초희

충애 충영 충원 충은 충인 충해 충현 충혜 충휘 충희

[화火 오행] 성씨   ㄴ ㄷ ㄹ ㅌ

노 나 남 도 담 두 돈 대 류 태 탁 탄   씨氏

발음오행이 상생되는 한글이름

[여자]

아돈 아라 아란 아령 아루 아린 아림 아선 아솔 아송 아신 아연 아영 아원
아윤 아은 아인 아정 아주 아진 아현 아혜 아홍 아희

애덕 애라 애란 애령 애림 애선 애신 애영 애옥 애원 애윤 애은 애정 애주
애진 애현 애휘 애홍 애희

양덕 양란 양린 양림 양선 양신 양연 양원 양윤 양은 양인 양현 양혜 양홍
양휘 양희

언란 언련 언령 언례 언심 언애 언연 언영 언옥 언윤 언은 언인 언현 언호
언휘 언흠 언희

영란 영례 영린 영림 연선 영순 연신 영애 영옥 영우 영운 영원 영은 영의
영이 영인 영임 영주 영지 영채 영하 영현 영화 영휘 영희

예나 예덕 예돈 예라 예란 예랑 예려 예련 예령 예루 예린 예림 예서 예섬
예솔 예연 예엽 예영 예옥 예우 예원 예윤 예은 예익 예인 예일 예지 예진
예한 예해 예헌 예현 예홍 예화 예효

오란 오련 오령 오린 오림 오선 오성 오숙 오신 오연 오영 오원 오윤 오은
오인 오정 오주 오현 오흥 오휘

354

완령 완림 완애 완영 완휘 완희

용녀 용란 용련 용린 용림 용선 용성 용숙 용순 용신 용애 용연 용은 용이 용인 용주 용진 용하 용현 용혜 용화 용휘 용희

우녕 우란 우리 우림 우양 우연 우영 우옥 우원 우윤 우은 우인 우일 우주 우진 우현 우혜 우휘 우희

유나 유라 유수 유숙 유순 유연 유오 유의 유재 유정 유진 유주 유하 유한 유희

원영 원임 원혜 원휘 원희

윤나 윤서 윤소 윤아 윤애 윤여 윤연 윤영 윤예 윤옥 윤우 윤원 윤은 윤이 윤인 윤임 윤정 윤제 윤지 윤하 윤혜 윤화 윤휘 윤희

은세 은서 은솔 은실 은애 은연 은영 은예 은옥 은완 은우 은익 은정 은지 은진 은채 은하 은헌 은혜 은화 은휘 은희

인란 인린 인애 인엽 인영 인옥 인우 인원 인윤 인율 인은 인의 인이 인제 인주 인지 인하 인해 인현 인휘 인희

하나 하람 하리 하린 하섬 하연 하영 하예 하원 하윤 하율 하이 하얀 하은

혜라 혜란 혜령 혜리 혜린 혜림 혜성 혜수 혜솔 혜언 혜연 혜영 혜옥 혜원 혜윤 혜은 혜인 혜정 혜주 혜진 혜현 혜화

가란 가림 가명 가문 가민 가본

경란 경림 경미 경분

규나 규도 규란 규리 규린 규림 규미 규분 규빈

금나 금다 금림 금모 금빈

기덕 기라 기란 기령 기례 기리 기민 기빈

노아 노연 노영 노유 노윤 노은 노현 노희

나겸 나경 나규 나금 나길 나애 나언 나연 나영 나온 나원 나유 나윤 나은
나인 나율 나임 나현 나희 나혜 나홍 나휘

다온 다완 다운 다원 다윤 다연 다율 다융 다은 다인 다한 다해 다현 다혜
다효 다흠 다흥

덕겸 덕경 덕규 덕혜 덕희

도겸 도경 도언 도연 도영 도원 도윤 도융 도은 도인 도헌 도현 도휘 도희
도화

동애 동연 동원 동은 동이 동인 동희

두이 두애 두연 두영 두예 두오 두원 두윤 두은 두이 두혜 두희

리아 리안 리애 리연 리영 리예 리원 리혜

래경 래교 래언 래연 래영 래원 래윤 래은 래한 래현

루아 루안 루연 루영 루완 루원 루이 루현

라애 라연 라영 라원 라윤 라율 라일 라온 라은 라임 라현 라혜 라희

린애 린하

태경 태안 태양 태언 태연 태영 태원 태윤 태은 태이 태인 태현 태휘 태희

이 오 염 윤 양 임 안 유 한 허 홍 황   씨(氏)

성씨별 발음오행이 상생되는 한글이름

[여자]

상신 상연 상영 상원 상윤 상은 상주 상현 상혜 상화 상휘 상희

서민 서빈 서신 서아 서안 서애 서연 서영 서예 서우 서원 서윤 서율 서은
서인 서정 서주 서진 서하 서현 서혜 서홍 서화 서효 서희

성미 성빈 성신 성실 성아 성애 성언 성연 성영 성옥 성원 성윤 성은 성이
성인 성임 성주 성지 성현 성혜 성화 성휘 성희

세모 세문 세미 세민 세범 세보 세본 세봉 세비 세빈 세아 세양 세연 세영
세원 세윤 세율 세은 세이 세인 세임 세진 세표 세풍 세필 세현 세홍 세화
세휘 세희

소망 소미 소민 소빈 소솔 소신 소아 소안 소양 소연 소엽 소영 소예 소원
소윤 소율 소은 소이 소인 소정 소하 소현 소화 소휘 소희

솔미 솔민 솔비 솔아 솔영 솔윤 솔은 솔이 솔임 솔지 솔하 솔휘 솔희

송미 송수 송아 송애 송연 송영 송윤 송이 송주 송하 송현 송혜 송휘 송희

수명 수몽 수문 수미 수민 수본 수봉 수분 수빈 수성 수신 수아 수애 수연
수영 수예 수옥 수운 수원 수윤 수이 수인 수임 수정 수지 수진 수하 수해

수향 수현 수혜 수홍 수화 수휘 수희

승미 승민 승선 승수 승신 승아 승애 승언 승연 승영 승옥 승우 승원 승윤
승은 승이 승재 승제 승주 승지 승해 승현 승혜 승홍 승효 승휘 승희

시문 시본 시봉 시상 시성 시아 시안 시양 시언 시연 시영 시예 시옥 시우
시욱 시원 시온 시유 시윤 시율 시은 시음 시인 시진 시평 시하 시한 시현
시홍

선미 선민 선아 선우 손재 선주 선하 선희

재명 재문 재민 재벽 재봉 재빈 재서 재선 재솔 재아 재언 재연 재영 재옥
재욱 재원 재윤 재율 재은 재이 재인 재임 재정 재필 재하 재현 재홍 재화
재효 재휘 재희

정미 정민 정설 정수 정신 정아 정애 정언 정연 정영 정완 정우 정원 정윤
정은 정인 정임 정재 정제 정주 정진 정하 절현 정혜 정화 정효 정휘 정희

제아 제언 제연 제영 제옥 제우 제욱 제원 제윤 제은 제이 제인 제희

종미 종선 종수 종신 종삼 종아 종애 종연 종영 종옥 종원 종윤 종은 종인
종주 종하 종화 종휘 종홍 종희

주비 주빈 주선 주수 주신 주아 주안 주애 주연 주영 주예 주옥 주온 주운
주원 주윤 주은 주이 주일 주하 주해 주연 주혜 주화 주휘 주희

자묵 자문 자민 자배 자봉 자선 자성 자양 자언 자연 자영 자옥 자욱 자원
자윤 자은 자인 자평 자풍 자필 자현 자휘

지무 지문 지미 지민 지본 지봉 지빈 지선 지성 지솔 지수 지신 지아 지안
지애 지양 지언 지연 지영 지예 지옥 지온 지우 지욱 지원 지유 지윤 지율
지은 지인 지평 지하 지해 지향 지현 지혜 지홍 지화 지효 지휘 지희

채민 채빈 채솔 채아 채언 채연 채영 채옥 채우 채원 채유 채윤 채율 채은
채이 채인 채정 채하 채현 채휘 채희

청미 청선 청수 청신 청아 청애 청연 청옥 청윤 청주 청하 청해 청현 청혜
청화 청휘 청희

초민 초빈 초아 초애 초연 초영 초예 초원 초윤 초율 초은 초이 초하 초현
초혜 초휘 초희

충애 충영 충원 충은 충인 충해 충현 충혜 충휘 충희

노아 노연 노영 노유 노윤 노은 노현 노희

나겸 나경 나규 나금 나길 나율 나애 나언 나연 나영 나온 나원 나유 나윤
나은 나인 나임 나현 나희 나혜 나홍 나휘

다온 다완 다운 다원 다윤 다율 다융 다은 다인 다연 다한 다해 다현 다혜
다효 다흠 다흥

덕겸 덕경 덕규 덕혜 덕희

도겸 도경 도언 도연 도영 도원 도윤 도융 도은 도인 도헌 도현 도휘 도희
도화

동애 동연 동원 동은 동이 동인 동희

두이 두애 두연 두영 두예 두오 두원 두윤 두은 두이 두혜 두희

리아 리안 리애 리연 리영 리예 리원 리혜

래경 래교 래언 래연 래영 래원 래윤 래은 래한 래현

루아 루안 루연 루영 루완 루원 루이 루현

라애 라온 라연 라영 라원 라윤 라율 라일 라임 라현 라혜 라희

린애 린하

태경 태리 태린 태안 태양 태언 태연 태영 태원 태윤 태은 태이 태인 태현 태휘 태희

아나 아라 아란 아령 아루 아리 아린 아림 아서 아선 아솔 아송 아신 아정 아주 아진

애나 애덕 애라 애란 애령 애린 애림 애선 애신 애정 애주 애진

양덕 양란 양린 양림 양선 양신

언란 언련 언령 언례 언심

연려 연린 연림 연수 연서 연재 연정 연제 연주 연지 연진

영란 영례 영린 영림 영선 영순 영신 영주 영지 영채

예나 예다 예덕 예돈 예라 예란 예랑 예려 예련 예령 예론 예루 예리 예린

예림 예서 예섬 예성 예솔 예승 예일 예지 예진

이선 이설 이재

오란 오련 오령 오린 오림 오선 오성 오숙 오신 오정 오주

완령 완림

용녀 용란 용련 용린 용림 용선 용성 용숙 용순 용신 용주 용진

우녕 우란 우리 우림 우주 우진

유나 유라 유란 유수 유숙 유순 유재 유정 유주 유진

윤나 윤서 윤선 윤소 윤솔 윤정 윤제 윤지

은서 은설 은세 은솔 은실 은정 은지 은진 은채

인란 인린 인서 인제 인주 인지

하나 하란 하람 하령 하론 하리 하린 하림 하섬 하정 하진

혜나 혜라 혜란 혜령 혜리 혜린 혜림 혜성 혜솔 혜수 혜슬 혜정 혜주 혜진

해니 해리 해린 해수 해정 해진 해주

현서 현지 현정 현주

효리 효린 효재 효정 효주 효진

[금金 오행]   성씨   ㅅ ㅈ ㅊ

서 신 송 선 석 성 전 장 정 최 차 천   씨(氏)

성씨별 발음오행이 상생되는 한글이름

[여자]

미겸 미경 미교 미근 미금 미빈 미서 미선 미설 미성 미소 미손 미솔 미송 미수 미승 미주 미지 미진

민경 민교 민서 민선 민설 민솔 민전 민정 민주 민지 민채

보겸 보경 보금 보미 보민 보선 보송

아돈 아라 아란 아령 아루 아리 아린 아림 아선 아솔 아송 아신 아연 아영 아원 아윤 아은 아인 아정 아주 아진 아현 아혜 아홍 아희

애덕 애라 애란 애령 애림 애선 애신 애영 애옥 애원 애윤 애은 애정 애주 애진 애현 애휘 애흥 애희

양덕 양란 양린 양림 양선 양신 양연 양원 양윤 양은 양인 양현 양혜 양홍 양휘 양희

언란 언련 언령 언례 언심 언애 언연 언영 언옥 언윤 언은 언인 언현 언호 언휘 언흠 언희

영란 영례 영린 영림 연선 영순 연신 영애 영옥 영우 영운 영원 영은 영의 영이 영인 영임 영주 영지 영채 영하 영현 영화 영휘 영희

예나 예덕 예돈 예라 예란 예랑 예려 예련 예령 예루 예리 예린 예림 예서
예섬 예솔 예연 예엽 예영 예옥 예우 예원 예윤 예은 예익 예인 예일 예지
예진 예한 예해 예헌 예현 예홍 예화 예효

오란 오련 오령 오린 오림 오선 오성 오숙 오신 오연 오영 오원 오윤 오은
오인 오정 오주 오현 오흥 오휘

완령 완림 완애 완영 완휘 완희

용녀 용란 용련 용린 용림 용선 용성 용숙 용순 용신 용애 용연 용은 용이
용인 용주 용진 용하 용현 용혜 용화 용휘 용희

우녕 우란 우리 우림 우양 우연 우영 우옥 우원 우윤 우은 우인 우일 우주
우진 우현 우혜 우휘 우희

유나 유라 유수 유숙 유순 유연 유오 유의 유주 유재 유정 유진 유하 유한
유희

원영 원임 원혜 원휘 원희

윤나 윤서 윤소 윤아 윤애 윤여 윤연 윤영 윤예 윤옥 윤우 윤원 윤은 윤이
윤인 윤임 윤정 윤제 윤지 윤하 윤혜 윤화 윤휘 윤희

은세 은솔 은실 은애 은연 은영 은예 은옥 은완 은우 은익 은정 은지 은진
은채 은하 은헌 은혜 은화 은휘 은희

인란 인린 인애 인엽 인영 인옥 인우 인원 인윤 인율 인은 인의 인이 인제
인주 인지 인하 인해 인현 인휘 인희

하나 하람 하리 하린 하서 하선 하섬 하은 하연 하얀 하영 하예 하원 하윤
하율 하온

혜라 혜란 혜령 혜리 혜린 혜림 혜성 혜수 혜솔 혜언 혜연 혜영 혜옥 혜원
혜윤 혜은 혜인 혜정 혜주 혜진 혜현 혜화

상연 상영 상원 상윤 상은 상현 상혜 상화 상휘 상희

서민 서빈 서아 서안 서애 서연 서영 서예 서우 서원 서윤 서율 서은 서인
서하 서현 서혜 서홍 서화 서효 서희

성미 성빈 성아 성애 성언 성연 성영 성옥 성원 성윤 성은 성이 성인 성임
성현 성혜 성화 성휘 성희

세모 세문 세미 세민 세범 세보 세보 세본 세봉 세비 세빈 세아 세양 세연
세영 세원 세윤 세율 세은 세이 세인 세임 세표 세풍 세필 세현 세홍 세화
세휘 세희

소망 소미 소민 소빈 소아 소안 소양 소연 소엽 소영 소예 소원 소윤 소율
소은 소이 소인 소하 소현 소화 소휘 소희

솔미 솔민 솔비 솔아 솔영 솔윤 솔은 솔이 솔임 솔하 솔휘 솔희

송미 송아 송애 송연 송영 송윤 송이 송하 송현 송혜 송휘 송희

수명 수몽 수문 수미 수민 수본 수봉 수본 수빈 수아 수애 수연 수영 수예
수옥 수운 수원 수윤 수이 수인 수임 수하 수해 수향 수현 수혜 수홍 수화
수휘 수희

승미 승민 승아 승애 승언 승연 승영 수옥 승우 승원 승윤 승은 승이 승해
승현 승혜 승홍 승효 승휘 승희

시문 시본 시봉 시아 시안 시양 시언 시연 시영 시예 시옥 시우 시욱 시원
시유 시윤 시율 시은 시음 시인 시온 시평 시하 시한 시현 시홍

선미 선민 선우 선아 선하 선희

재명 재문 재민 재벽 재봉 재빈 재아 재언 재연 재영 재옥 재욱 재원 재윤
재율 재은 재이 재인 재임 재하 재현 재홍 재화 재효 재휘 재희

정미 정민 정아 정애 정언 정연 정영 정완 정우 정원 정윤 정은 정인 정임
정하 정현 정혜 정화 정효 정휘 정희

제아 제언 제연 제영 제옥 제우 제욱 제원 제윤 제은 제이 제인 제희

자묵 자문 자민 자배 자봉 자양 자언 자연 자영 자옥 자욱 자원 자윤 자은
자인 자평 자풍 자필 자현 자휘

종미 종아 종애 종연 종영 종옥 종원 종윤 종은 종인 종하 종화 종휘 종흥
종희

지무 지문 지미 지민 지본 지봉 지빈 지아 지안 지애 지양 지언 지연 지영
지예 지옥 지온 지우 지욱 지원 지유 지윤 지율 지은 지인 지평 지하 지해
지향 지현 지혜 지홍 지화 지효 지희

주미 주연 주온 주원 주은 주이 주아 주하 주현

청미 청아 청애 청연 청옥 청윤 청하 청해 청현 청혜 청화 청휘 청희

초민 초빈 초아 초애 초연 초영 초예 초원 초윤 초율 초은 초이 초하 초현 초혜 초휘 초희

충애 충영 충원 충은 충인 충해 충현 충혜 충휘 충희

채민 채빈 채아 채언 채연 채영 채옥 채우 채원 채유 채윤 채율 채은 채이 채인 채하 채현 채휘 채희

[금金 오행]　　성씨　　　ㅅ　ㅈ　ㅊ

송 . 성 . 장 . 정　　　氏(氏)

┌─────────────────────────────────────┐
│　초성 금(金) ㅅ . ㅈ　+　종성 토(土) ㅇ　│
└─────────────────────────────────────┘

성씨별 발음오행이 상생되는　한글이름

[여자]

노아 노연 노영 노유 노윤 노은 노현 노휘 노희

나겸 나규 나금 나길 나라 나래 나리 나애 나언 나연 나영 나온 나원 나윤
나웅 나은 나인 나현 나혜 나홍 나휘 나희

누리 누아 누안 누영

다겸 다교 다린 다아 다안 다애 다언 다연 다영 다예 다온 다완 다운 다원
다윤 다율 다융 다은 다인 다한

도겸 도균 도란 도언 도연 도영 도원 도윤 도융 도은 도인 도헌 도현 도휘
도희

덕겸 덕규 덕례

동덕 동애 동연 동원 동은 동이 동인 동희

두나 두란 두례 두리 두린 두아 두애 두연 두영 두예 두오 두원 두윤 두은

368

두이 두혜 두휘 두희

리나 리아 리안 리애 리연 리영 리예 리원 리혜

래교 래언 래연 래영 래원 래윤 래은 래한 래현

루리 루아 루안 루연 루영 루완 루원 루이 루현

라애 라연 라영 라원 라윤 라율 라일 라연 라혜 라희

린다 린도 린애 린하

태안 태양 태언 태연 태영 태원 태윤 태은 태이 태인 태현 태휘 태희

[수水 오행] 성씨 ㅁ ㅂ ㅍ

문 민 마 목 맹 박 백 변 방 피 편 표   씨(氏)

성씨별 발음오행이 상생되는 한글이름

[여자]

가란 가림 가명 가문 가민 가본

경란 경림 경미 경분

규나 규도 규란 규리 규린 규림 규미 규분 규빈

금나 금다 금림 금모 금빈

기덕 기라 기란 기령 기례 기리 기민 기빈

상신 상연 상영 상원 상윤 상은 상주 상현 상혜 상화 상휘 상희

서민 서빈 서신 서아 서안 서애 서연 서영 서예 서우 서원 서윤 서율 서은
서인 서정 서주 서진 서하 서현 서혜 서홍 서화 서효 서희

성미 성빈 성신 성실 성아 성애 성언 성연 성영 성옥 성원 성윤 성은 성이
성인 성임 성주 성지 성현 성혜 성화 성휘 성희

세모 세문 세미 세민 세범 세보 세본 세봉 세비 세빈 세아 세양 세연 세영
세원 세윤 세율 세은 세이 세인 세임 세진 세표 세풍 세필 세현 세홍 세화
세휘 세희

소망 소미 소민 소빈 소솔 소신 소아 소안 소양 소연 소엽 소영 소예 소원 소윤 소율 소은 소이 소인 소정 소하 소현 소화 소휘 소희

솔미 솔민 솔비 솔아 솔영 솔윤 솔은 솔이 솔임 솔지 솔하 솔휘 솔희

송미 송수 송아 송애 송연 송영 송윤 송이 송주 송하 송현 송혜 송휘 송희

수명 수몽 수문 수미 수민 수본 수봉 수분 수빈 수성 수신 수아 수애 수연 수영 수예 수옥 수운 수원 수윤 수이 수인 수임 수정 수지 수진 수하 수해 수향 수현 수혜 수홍 수화 수휘 수희

승미 승민 승선 승수 승신 승아 승애 승언 승연 승영 승옥 승우 승원 승윤 승은 승이 승재 승제 승주 승지 승해 승현 승혜 승홍 승효 승휘 승희

시문 시본 시봉 시상 시성 시아 시안 시양 시언 시연 시영 시예 시옥 시우 시욱 시원 시온 시유 시윤 시율 시은 시음 시인 시진 시평 시하 시한 시현 시홍

선미 선민 선아 선우 손재 선주 선하 선희

재명 재문 재민 재벽 재봉 재빈 재서 재선 재솔 재아 재언 재연 재영 재옥 재욱 재원 재윤 재율 재은 재이 재인 재임 재정 재필 재하 재현 재홍 재화 재효 재휘 재희

정미 정민 정설 정수 정신 정아 정애 정언 정연 정영 정완 정우 정원 정윤 정은 정인 정임 정재 정제 정주 정진 정하 절현 정혜 정화 정효 정휘 정희

제아 제언 제연 제영 제옥 제우 제욱 제원 제윤 제은 제이 제인 제희

종미 종선 종수 종신 종삼 종아 종애 종연 종영 종옥 종원 종윤 종은 종인
종주 종하 종화 종휘 종흥 종희

주비 주빈 주선 주수 주신 주아 주안 주애 주연 주영 주예 주옥 주온 주운
주원 주윤 주은 주이 주일 주하 주해 주연 주혜 주화 주휘 주희

자묵 자문 자민 자배 자봉 자선 자성 자양 자언 자연 자영 자옥 자욱 자원
자윤 자은 자인 자평 자풍 자필 자현 자휘

지무 지문 지미 지민 지본 지봉 지빈 지선 지성 지솔 지수 지신 지아 지안
지애 지양 지언 지연 지영 지예 지옥 지온 지우 지욱 지원 지유 지윤 지율
지은 지인 지평 지하 지해 지향 지현 지혜 지홍 지화 지효 지휘 지희

채민 채빈 채솔 채아 채언 채연 채영 채옥 채우 채원 채유 채윤 채율 채은
채이 채인 채정 채하 채현 채휘 채희

청미 청선 청수 청신 청아 청애 청연 청옥 청윤 청주 청하 청해 청현 청혜
청화 청휘 청희

초민 초빈 초아 초애 초연 초영 초예 초원 초윤 초율 초은 초이 초하 초현
초혜 초휘 초희

충애 충영 충원 충은 충인 충해 충현 충혜 충휘 충희

민경 민교 민서 민선 민설 민솔 민정 민주 민지 민채

무겸 무경 무교 무금 무성 무송 무신 무진

미겸 미경 미교 미근 미금 미서 미선 미설 미성 미소 미손 미솔 미송 미승

미정 미주 미진

보겸 보경 보금 보선 보성 보송 보정

부겸 부경 부성

[수水 오행]　성씨　　□　ㅂ　ㅍ

목 박 백　　　씨(氏)

초성 수(水)　□ . ㅂ　+　종성 목(木)　ㄱ

성씨별 발음오행이 상생되는 한글이름

[여자]

노아 노연 노영 노유 노윤 노은 노현 노훈 노희

나겸 나경 나규 나금 나길 나라 나래 나리 나애 나언 나연 나영 나온 나원
나윤 나융 나은 나인 나현 나희 나혜 나홍 나휘

다교 다린 다아 다안 다애 다언 다연 다영 다예 다온 다완 다운 다원 다윤
다율 다융 다은 다인 다한 다해 다현 다혜 다효 다흠 다흥 다희

덕겸 덕경 덕규 덕례 덕혜 덕희

도겸 도경 도균 도란 도언 도연 도영 도원 도윤 도융 도은 도인 도헌 도현
도희 도휘

동덕 동애 동연 동원 동은 동이 동인 동희

두나 두란 두례 두리 두린 두아 두애 두연 두영 두예 두오 두원 두윤 두은
두이 두혜

374

리나 리아 리안 리애 리연 리영 리예 리원 리혜

래교 래언 래연 래영 래원 래윤 래은 래한 래현

루리 루아 루안 루연 루영 루완 루원 루이 루현

라애 라연 라영 라원 라윤 라율 라일 라현 라혜 라희

린다 린도 린아 린애 린하

태인 태현 태휘 태희

끝.

누구나 쉽게 짓는
우리 아이
좋은 이름

ⓒ 김규만, 2020

초판 1쇄 발행 2020년 8월 14일

지은이   김규만
펴낸이   이기봉
편집   좋은땅 편집팀
펴낸곳   도서출판 좋은땅
주소   서울 마포구 성지길 25 보광빌딩 2층
전화   02)374-8616~7
팩스   02)374-8614
이메일   gworldbook@naver.com
홈페이지   www.g-world.co.kr

ISBN   979-11-6536-667-4 (03180)

이 도서의 국립중앙도서관 출판예정도서목록(CIP)은 서지정보유통지원시스템 홈페이지(http://seoji.nl.go.kr)와 국가자료공동목록시스템
(http://www.nl.go.kr/kolisnet)에서 이용하실 수 있습니다. (CIP제어번호 : CIP2020032139)